O ato criativo

uma forma de ser

Rick Rubin

com Neil Strauss

Título original: *The Creative Act*

Copyright © 2023 por Rick Rubin
Copyright da tradução © 2023 por GMT Editores Ltda.

Publicado mediante acordo com Canongate Books Ltd, 14 High Street, Edinburgh EH1 1TE.

Todos os direitos reservados. Nenhuma parte deste livro pode ser utilizada ou reproduzida sob quaisquer meios existentes sem autorização por escrito dos editores.

coordenação editorial: Alice Dias
produção editorial: Livia Cabrini
tradução: Beatriz Medina
preparo de originais: Ana Tereza Clemente
revisão: Tereza da Rocha e Rafaella Lemos
capa e projeto gráfico: Rick Rubin
adaptação de capa e diagramação: Natali Nabekura
impressão e acabamento: Bartira Gráfica

CIP-BRASIL. CATALOGAÇÃO NA PUBLICAÇÃO
SINDICATO NACIONAL DOS EDITORES DE LIVROS, RJ

R834a

Rubin, Rick
  O ato criativo / Rick Rubin ; tradução Beatriz Medina. - 1. ed. - Rio de Janeiro : Sextante, 2023.
  288 p. ; 23 cm.

  Tradução de: The creative act : a way of being
  ISBN 978-65-5564-674-0

  1. Criatividade. 2. Pensamento criativo. 3. Criação (Literária, artística, etc.). I. Medina, Beatriz. II. Título.

23-83796
CDD: 153.35
CDU: 159.954.4

Meri Gleice Rodrigues de Souza - Bibliotecária - CRB-7/6439

Todos os direitos reservados, no Brasil, por
GMT Editores Ltda.
Rua Voluntários da Pátria, 45 – 14º andar – Botafogo
22270-000 – Rio de Janeiro – RJ
Tel.: (21) 2538-4100
E-mail: atendimento@sextante.com.br
www.sextante.com.br

O objetivo não é fazer arte,
é ficar naquele estado maravilhoso
que torna a arte inevitável.
Robert Henri

Todos são criadores ___ 10	O oposto é verdadeiro ___ 78
Entrar em sintonia ___ 12	Escuta ___ 80
A fonte da criatividade ___ 17	Paciência ___ 84
Consciência ___ 20	A mente do iniciante ___ 87
O vaso e o filtro ___ 23	Inspiração ___ 94
O invisível ___ 27	Hábitos ___ 98
Procure pistas ___ 30	Sementes ___ 105
Prática ___ 34	Experimentação ___ 109
Mergulhar (As grandes obras) ___ 38	Tente todas as possibilidades ___ 115
A natureza como professora ___ 40	Construção ___ 119
	Ritmo ___ 123
Nada é estático ___ 43	Ponto de vista ___ 129
Olhe para dentro ___ 46	Romper a mesmice ___ 134
As lembranças e o subconsciente ___ 48	Conclusão ___ 141
	A mente abundante ___ 148
Está sempre lá ___ 51	O Experimentador e o Finalizador ___ 151
Ambiente ___ 52	
Insegurança ___ 54	Regras temporárias ___ 153
Invente ___ 57	Grandeza ___ 158
Distração ___ 63	Sucesso ___ 160
Colaboração ___ 66	Desapego conectado (Possibilidade) ___ 164
Intenção ___ 68	
Regras ___ 71	Êxtase ___ 166

Sumário

Ponto de referência 170
A não competição 172
Essência 175
Apócrifos 178
Desligar-se
(Vozes que enfraquecem) 182
Consciência de si 185
Bem diante dos olhos 188
Um sussurro fora
de hora 191
Espere uma surpresa 193
Grandes expectativas 196
Abertura 200
Cercar o relâmpago 204
Vinte e quatro horas
ininterruptas 208
Espontaneidade
(Momentos especiais) 211
Como escolher 216
Tons e graus 219
Consequências
(Propósito) 222
Liberdade 224
O atormentado 228

A superstição que
funciona 230
Adaptação 232
Tradução 235
Tábula rasa 238
Contexto 241
A energia (Na obra) 244
Terminar para recomeçar
(Regeneração) 248
Brinque 251
O hábito da arte (Sangha) 255
O prisma do eu 258
Que assim seja 261
Cooperação 262
O dilema da sinceridade 268
O guardião 271
Por que fazer arte? 276
Harmonia 279
O que dizemos a
nós mesmos 283

Nada neste livro
é sabidamente verdade.
É uma reflexão do que notei –
Não tanto fatos, mas pensamentos.

Algumas ideias reverberam,
outras não.
Algumas despertam um saber íntimo
que você esqueceu que tinha.
Use o que for útil.
Esqueça o resto.

Cada um desses momentos
é um convite para indagar mais,
olhar mais fundo,
afastar-se ou se aproximar.
Abrir possibilidades
para um novo modo de ser.

Todos são criadores

Quem não se dedica às artes tradicionais pode ter receio de se autodenominar *artista*. Pode considerar a criatividade algo extraordinário ou além de sua capacidade intelectual. Uma vocação daquelas poucas pessoas especiais que nascem com esse dom.

Felizmente, não é esse o caso.

A criatividade não é uma habilidade rara. Não é difícil acessá-la. A criatividade é um aspecto fundamental do ser humano. É um direito nosso de nascença. E é para todos nós.

A criatividade não está ligada exclusivamente à arte. Todos nós nos envolvemos nesse ato diariamente.

Criar é trazer à existência algo que antes não existia. Pode ser uma conversa, a solução de um problema, um bilhete para um amigo, a reorganização da mobília da sala, um novo caminho para casa a fim de evitar o engarrafamento.

O que você faz não precisa ser testemunhado, gravado, impresso, vendido ou emoldurado para ser uma obra de arte. Pelo corriqueiro estado de ser, já somos criadores de maneira mais profunda: criamos nossa experiência da realidade e concebemos o mundo que percebemos.

A todo momento estamos mergulhados num campo de matéria não diferenciada no qual nossos sentidos colhem informações. O Universo externo que interpretamos não existe como tal. Por meio de uma série de reações químicas e elétricas, geramos uma realidade interna. Criamos florestas e oceanos, calor e frio. Lemos palavras, ouvimos vozes e fazemos interpretações. Então, num instante, produzimos uma resposta. Tudo isso num mundo que nós mesmos criamos.

Não importa se estamos produzindo arte formal ou não; todos nós vivemos como artistas. Distinguimos, filtramos e coletamos dados, depois selecionamos uma experiência para nós e para os outros com base nesse conjunto de informações. Não importa que façamos isso de forma consciente ou inconsciente. Pelo mero fato de estarmos vivos já podemos nos considerar participantes ativos do processo contínuo de criação.

Viver como artista é um modo de estar no mundo. Um modo de interpretar. Uma prática de atenção. De refinar nossa sensibilidade às informações mais sutis. De observar o que nos atrai e o que nos afasta. De notar quais tons de sentimento surgem e para onde nos levam.

De uma escolha atenta a outra, a vida inteira é uma forma de autoexpressão. Você existe como ser criativo num universo criativo. Uma obra de arte singular.

Entrar em sintonia

Pense no Universo como um eterno desdobramento criativo.

As árvores florescem.

As células se reproduzem.

Os rios formam novos afluentes.

O mundo pulsa com a energia produtiva, e tudo o que existe neste planeta é movido por essa energia.

Toda manifestação desse desdobramento faz seu trabalho em nome do Universo, cada uma a seu modo, fiel ao seu impulso criativo.

Assim como as árvores dão flores e frutos, a humanidade cria obras de arte. A ponte Golden Gate, o *Álbum branco* dos Beatles, o quadro *Guernica*, a Basílica de Santa Sofia, a Grande Esfinge de Gizé, o ônibus espacial, a Autobahn, *Clair de lune*, o Coliseu, a chave Phillips, o iPad, o *cheesesteak* da Filadélfia.

Olhe em volta: há muitíssimas realizações notáveis para apreciar. Cada uma delas demonstra que a humanidade está sendo fiel a si mesma, como o beija-flor é fiel a si mesmo quando constrói um ninho, o pessegueiro quando dá frutos e a nuvem quando produz chuva.

Cada ninho, cada pêssego, cada gota de chuva e cada grande obra são diferentes. Talvez pareça que algumas árvores dão frutos mais bonitos que outras, que alguns seres humanos compõem obras mais grandiosas que outros. O gosto e a beleza estão nos olhos de quem vê.

Como a nuvem sabe quando deve chover? Como a árvore sabe quando a primavera começa? Como o passarinho sabe quando está na hora de construir um novo ninho?

O Universo funciona como um relógio.

Para tudo...
Há uma estação
E uma hora para cada propósito sob o céu
Hora de nascer, hora de morrer
Hora de plantar, hora de colher
Hora de matar, hora de curar
Hora de rir, hora de chorar
Hora de construir, hora de demolir
Hora de dançar, hora de prantear
Hora de jogar pedras fora
Hora de juntar pedras.

Esse ritmo não é criado por nós. Todos participamos de um ato criativo maior que não conduzimos. Nós somos conduzidos. O artista está inscrito num cronograma cósmico, como toda a natureza.

Quando uma ideia o deixa empolgado, mas você não dá vazão a ela, não raro essa ideia encontra voz por meio de outro criador. Não porque o outro artista tenha roubado sua ideia, mas porque a hora da ideia chegou.

Nesse grande desdobramento, ideias e pensamentos, temas e canções e outras obras de arte existem no éter e amadurecem no tempo certo, prontos para encontrar expressão no mundo físico.

Como artistas, nosso papel é tirar proveito dessa informação, transmutá-la e compartilhá-la. Todos nós somos tradutores das mensagens que o Universo transmite. Os melhores artistas tendem a ser aqueles cujas antenas são mais sensíveis para atrair a energia que ressoa num momento específico. Muitos grandes artistas desenvolvem antenas sensíveis não para criar arte, mas para se proteger. Eles precisam se proteger porque, para eles, tudo dói mais. Eles sentem tudo mais profundamente.

⊙

É comum a arte chegar em movimentos: a Bauhaus, o expressionismo abstrato, a Nouvelle Vague no cinema, o punk rock, a poesia Beat, só para citar alguns exemplos da história recente. Esses movimentos surgem como ondas; alguns artistas conseguem ler a cultura e se posicionar de modo a surfá-las. Outros veem a onda e preferem nadar contra a corrente.

Todos somos antenas do pensamento criativo. Algumas transmissões chegam fortes, outras, mais fracas. Se a sua antena não estiver delicadamente sintonizada, é provável que você perca os dados em meio ao ruído. Principalmente porque os sinais que chegam são mais sutis que o conteúdo que recolhemos através da percepção sensorial. São mais energéticos que táteis, detectados de forma mais intuitiva que registrados de maneira consciente.

Na maior parte das vezes, coletamos dados do mundo pelos cinco sentidos. Com as informações transmitidas em frequência mais alta, canalizamos material energético que não pode ser captado de modo físico. Isso desafia a lógica, da mesma maneira que um elétron pode estar em dois lugares ao mesmo tempo. Essa energia fugaz tem grande valor, embora pouquíssimas pessoas estejam abertas o bastante para agarrá-la.

Como captamos um sinal que não pode ser ouvido nem definido? A resposta é não procurar por ele. Também não devemos tentar prever ou analisar nosso caminho até ele. Em vez disso criamos um espaço para permitir que essa experiência aconteça. Um espaço tão livre da superlotação de nossa mente que funcione como um vácuo. Para atrair as ideias que o Universo está disponibilizando.

Conseguir essa liberdade não é tão difícil quanto se pensa. Todos nós começamos a vida com ela. Quando criança, experimentamos uma interferência muito menor entre receber ideias e internalizá-las. Aceitamos novas informações com prazer em vez de fazer comparações com o que já acreditamos; vivemos o momento presente em vez de nos preocupar com consequências futuras; somos mais espontâneos do que analíticos; somos curiosos, queremos saber mais, não nos sentimos exauridos com o volume de informações. Até as experiências mais comuns são recebidas com fascínio. Uma profunda tristeza e uma empolgação intensa podem vir uma após a outra. Não há fingimento nem apego a uma história.

Em geral, os artistas capazes de criar continuamente grandes obras conseguem conservar essas qualidades infantis. Praticar um jeito de ser que lhe permita ver o mundo com olhos inocentes e não corrompidos pode libertar você para agir de acordo com o cronograma do Universo.

Há uma hora para certas ideias chegarem,
e elas dão um jeito
de se expressar por meio de nós.

A fonte da criatividade

Começamos com tudo:
tudo visto,
tudo feito,
tudo pensado,
tudo sentido,
tudo imaginado,
tudo esquecido
e tudo o que fica sem ser falado nem pensado
dentro de nós.

Essa é nossa matéria-prima, e com ela construímos cada momento criativo.

Esse conteúdo não vem de dentro de nós. A Fonte está por aí. Uma sabedoria que nos cerca, uma oferta inexaurível que está sempre à nossa disposição.

Nós a sentimos, a recordamos ou entramos em sintonia com ela. E não somente por meio de nossas experiências, mas também através de sonhos, intuições, fragmentos subliminares e outras maneiras ainda desconhecidas pelas quais o lado de fora encontra o caminho para dentro.

Para a mente, esse material parece vir de dentro. Mas isso é uma ilusão. Há fragmentos minúsculos da vastidão da Fonte guardados dentro de nós. Esses fiapos preciosos vêm à tona do inconsciente como vapor e se condensam para formar um pensamento. Uma ideia.

⊙

Pode ser útil pensar na Fonte como uma nuvem.

As nuvens nunca desaparecem. Elas mudam de forma. Transformam-se em chuva e viram parte do oceano; depois evaporam e voltam a ser nuvens.

O mesmo acontece com a arte.

A arte é a circulação de ideias energéticas. O que faz com que pareçam novas é o fato de se combinarem de forma diferente a cada vez que voltam a aparecer. Não há duas nuvens iguais.

É por isso que quando nos impressionamos com uma nova obra de arte ela tem a capacidade de reverberar em um nível mais profundo. Talvez seja algo conhecido que retorna de forma desconhecida. Ou talvez seja *mesmo* algo desconhecido que não percebíamos que estávamos procurando. A peça que faltava num quebra-cabeça que não tem fim.

Transformar algo da ideia
em realidade
pode fazê-la parecer menor.
Ela passa de celestial a terrena.

A imaginação não tem limites.
O mundo físico tem.
A obra existe em ambos.

Consciência

Na maior parte das atividades diárias, escolhemos o objetivo e desenvolvemos uma estratégia para atingir a meta em vista. Criamos o programa.

A consciência se move de forma diferente. O programa acontece à nossa volta. O mundo é o fazedor, nós somos as testemunhas. Temos pouco ou nenhum controle sobre o conteúdo.

O dom da consciência nos permite notar o que acontece em volta e dentro de nós no momento presente. E nos permite fazer isso sem apego nem envolvimento. Podemos observar sensações corporais, pensamentos e sentimentos passageiros, sons e pistas visuais, cheiros e sabores.

Pela observação desapegada, a consciência permite que a flor observada revele mais de si sem nossa intervenção. Isso é válido para todas as coisas.

A consciência não é um estado que possamos forçar. Há mesmo

pouco esforço envolvido, embora a persistência seja fundamental. É algo que permitimos ativamente que aconteça. É uma presença com o que acontece no eterno agora e sua aceitação.

Assim que rotula um aspecto da Fonte, você não está mais percebendo, você está analisando. Isso é válido para qualquer pensamento que o tire da presença com o objeto da sua consciência, seja de análise ou a simples tomada de consciência de estar consciente. A análise é uma função secundária. A consciência acontece primeiro como conexão pura com o objeto de sua atenção. Se algo me parece interessante ou belo, primeiro vivo essa experiência. Só depois posso tentar entendê-la.

Embora não possamos mudar aquilo que percebemos, podemos mudar nossa capacidade de perceber.

Podemos expandir e estreitar a consciência, experimentá-la com os olhos abertos ou fechados. Podemos aquietar nosso interior para perceber mais o exterior, ou aquietar o exterior para notar mais o que acontece dentro de nós.

Podemos nos concentrar tanto e tão de perto que as coisas percam as características que as tornam o que parecem ser, ou nos afastar tanto que elas pareçam algo inteiramente novo.

O Universo tem apenas o tamanho de nossa percepção. Quando cultivamos nossa consciência, expandimos o Universo.

Isso amplia o alcance tanto do material que está à nossa disposição para criarmos como da vida que temos para viver.

A capacidade de olhar profundamente
é a raiz da criatividade.
Ver além do comum e mundano
e chegar ao que, sem ela, poderia ser invisível.

O vaso e o filtro

Cada um de nós contém um recipiente. Ele se enche de dados constantemente.

Ele guarda a soma total de nossos pensamentos, sentimentos, sonhos e experiências no mundo. Vamos chamá-lo de vaso.

As informações não entram diretamente no vaso, como a chuva que enche um barril. Elas são filtradas de forma exclusiva em cada um de nós.

Nem tudo passa pelo filtro. E o que passa nem sempre permanece fiel.

Cada um de nós tem seu método de reduzir a Fonte. O espaço da nossa memória é limitado. É comum nossos sentidos perceberem mal os dados. E nossa mente não tem o poder de processar todas as informações que nos cercam. Nossos sentidos ficariam sobrecarregados de luz, cores, sons e cheiros. Não seríamos capazes de distinguir um objeto de outro.

Para navegar por esse imenso mundo de dados, aprendemos cedo a nos concentrar em informações que pareçam essenciais ou sejam de nosso interesse particular. E a afastar o restante.

Como artistas, buscamos restaurar aquela percepção infantil: um estado mais inocente de encantamento e apreciação, não atrelado à utilidade nem à sobrevivência.

Inevitavelmente, nosso filtro reduz a inteligência da Fonte, por interpretar os dados que chegam em vez de deixar que passem livremente. Conforme o vaso se enche com esses fragmentos reformulados, criam-se relações com o material já coletado.

Essas relações produzem crenças e histórias. Podem ser sobre quem somos, sobre as pessoas que nos cercam, sobre a natureza do mundo em que vivemos. Por fim, essas histórias se aglutinam em uma visão de mundo.

Como artistas, queremos encarar essas histórias com leveza e encontrar espaço para a enorme quantidade de informações que não se encaixam facilmente nos limites de nosso sistema de crenças. Quanto mais dados brutos conseguirmos absorver e quanto menos os moldarmos, mais perto chegaremos da natureza.

Pode-se pensar no ato criativo como a soma do conteúdo de nosso vaso como material potencial, a seleção dos elementos que parecem úteis ou significativos no momento e a representação deles.

Essa é a Fonte que passa por nós e é transformada em livros, filmes, prédios, quadros, refeições, empresas – qualquer projeto em que embarquemos.

Se escolhermos compartilhar aquilo que fazemos, nosso trabalho pode recircular e se tornar uma fonte de material para outros.

A Fonte disponibiliza.
O filtro destila.
O vaso recebe.
E, muitas vezes, isso acontece para além de nosso controle.

É útil saber que esse sistema-padrão pode ser contornado. Com treinamento, podemos melhorar nossa interface com a Fonte e expandir radicalmente a capacidade de recepção do vaso. Mudar o instrumento nem sempre é a maneira mais fácil de mudar o som, mas pode ser a mais potente.

Não importa quais ferramentas você use para criar,
o verdadeiro instrumento é você.
E através de você
o Universo que nos cerca
entra em foco.

O invisível

Pela definição convencional, o propósito da arte é criar artefatos físicos e digitais. Encher prateleiras de cerâmicas, livros e discos.

Embora os artistas não tenham consciência disto, a obra final é o subproduto de um desejo maior. Não criamos para fazer ou vender produtos materiais. O ato da criação é a tentativa de entrar num terreno misterioso. O anseio de transcender. O que criamos nos permite compartilhar vislumbres de uma paisagem interna que está além de nossa compreensão. A arte é nosso portal para o mundo invisível.

Sem o componente espiritual, o artista trabalha com uma desvantagem fundamental. O mundo espiritual oferece um encantamento e um grau de abertura da mente que não se encontram na frieza da ciência. O mundo da razão é estreito e cheio de becos sem saída, enquanto o ponto de vista espiritual é ilimitado e atrai possibilidades fantásticas. O mundo invisível não tem fronteiras.

A palavra *espiritualidade* pode não reverberar naqueles que lidam principalmente com o intelecto ou que associam a palavra à religião organizada. Se você preferir pensar em espiritualidade como simples crença na conexão, tudo bem. Se escolher considerá-la o mesmo que acreditar em magia, tudo bem também. As coisas em que acreditamos têm uma carga, quer sejam comprovadas ou não.

A prática da espiritualidade é um modo de olhar o mundo em que você não está sozinho. Há significados mais profundos por trás da superfície. A energia que cerca você pode ser aproveitada para elevar sua obra. Você faz parte de algo muito maior do que aquilo que é possível explicar – um mundo de imensas possibilidades.

Tirar proveito dessa energia pode ser incrivelmente útil em suas realizações criativas. O princípio funciona com base na fé. Em acreditar e se comportar como se isso fosse verdade. Nenhuma prova é necessária.

Quando trabalha num projeto, você nota coincidências aparentes que surgem com mais frequência do que a aleatoriedade permitiria – quase como se outra mão guiasse a sua em determinada direção. Como se houvesse um conhecimento interno que embasasse gentilmente seus movimentos. A fé lhe permite confiar na direção sem precisar compreendê-la.

Preste especial atenção nos momentos que o deixam sem fôlego – um belo pôr do sol, uma cor de olhos incomum, uma música emocionante, o projeto fascinante de uma máquina complexa.

Quando uma obra, um fragmento da consciência ou um elemento da natureza nos permite acessar algo maior, isso é a manifestação de seu componente espiritual. Isso nos concede um vislumbre do invisível.

Não é incomum que a ciência
acabe alcançando a arte.
Nem é incomum que a arte
alcance o espiritual.

Procure pistas

O material para nossa obra nos cerca a cada passo. Está entrelaçado nas conversas, na natureza, nos encontros casuais e nas obras de arte existentes.

Quando você estiver buscando a solução para um problema criativo, preste muita atenção no que acontece à sua volta. Procure pistas que indiquem novos métodos ou caminhos para desenvolver melhor as ideias atuais.

Um escritor pode estar num café, trabalhando numa cena, inseguro quanto ao que a personagem dirá em seguida. Uma frase entreouvida na conversa de outra mesa pode dar a resposta direta ou, pelo menos, o vislumbre de uma possível direção.

Recebemos mensagens desse tipo o tempo todo quando nos mantemos abertos a elas. Podemos ler um livro e encontrar uma citação que salta da página ou assistir a um filme e notar uma frase que nos faz parar e rebobinar. Às vezes, é a resposta exata que procurávamos. Ou o eco de uma ideia que fica se repetindo em outros lugares, implorando por mais atenção ou confirmando o caminho em que estamos.

Essas transmissões são sutis: estão sempre presentes, mas não é fácil percebê-las. Se não estivermos procurando pistas, elas vão passar sem que sequer as notemos. Permaneça aberto às conexões e considere aonde elas podem levar.

Quando acontecer algo fora do comum, pergunte-se por quê. Qual é a mensagem? Qual poderia ser o significado maior?

Esse processo não é uma ciência. Não podemos controlar as pistas nem ordenar que se revelem. Às vezes, ter a intenção forte de encontrar uma resposta específica ou de confirmar um determinado caminho ajuda. Outras vezes, deixar essa intenção completamente de lado torna mais fácil encontrar a melhor saída.

Uma parte integrante do trabalho do artista é decifrar esses sinais. Quanto mais aberto você estiver, mais pistas encontrará e menos esforço terá de fazer. Talvez seja capaz de pensar menos e começar a confiar nas respostas que surgem dentro de si mesmo.

Você pode imaginar que o mundo externo é uma esteira rolante com uma torrente de pacotinhos que não param de passar. O primeiro passo é notar que a esteira rolante está lá. Então, a qualquer momento, você pode pegar um desses pacotinhos, desembrulhá-lo e ver o que há dentro dele.

Um exercício útil pode ser abrir um livro numa página aleatória e ler a primeira linha que seus olhos encontrarem. Veja de que modo o que está escrito se aplica à sua situação. Qualquer relevância que isso tenha pode ser obra do acaso, mas aceite a possibilidade de haver mais em jogo do que o mero acaso. Quando meu apêndice se rompeu, o médico que fez o diagnóstico insistiu que eu fosse imediatamente ao hospital para fazer uma cirurgia de emergência. Disse que não havia alternativa. Entrei numa livraria próxima. Sobre uma mesa, logo ali na entrada, estava o novo livro do Dr. Andrew Weil. Peguei-o e abri. O primeiro trecho que meus olhos encontraram dizia: "Se um médico quiser remover uma parte de seu corpo e lhe disser que ela não tem nenhuma função, não acredite." A informação de que eu precisava me foi disponibilizada naquele momento. E ainda tenho meu apêndice.

Quando se apresentam, as pistas às vezes lembram o delicado mecanismo de um relógio em funcionamento. Como se o Universo cutucasse você com pequenos lembretes do que está a seu lado e quisesse lhe oferecer tudo de que você precisa para cumprir sua missão.

Procure por aquilo que você percebe,
mas ninguém mais vê.

Prática

No ambiente selvagem, os animais têm de estreitar seu campo de visão para sobreviver. O foco impede que a distração os afaste de necessidades fundamentais.

Comida.
Abrigo.
Predadores.
Procriação.

Para o artista, essa ação reflexa pode ser um obstáculo. Ampliar o escopo permite que mais momentos de interesse sejam notados e recolhidos para criar um tesouro de material a ser usado mais tarde.

A *prática* é a materialização da abordagem de um conceito. Ela pode nos dar apoio e trazer um estado de espírito desejado. Quando repetimos o exercício de abrir nossos sentidos para o que existe, ficamos mais perto de viver em um estado continuamente aberto.

Criamos um hábito. Um hábito em que a consciência expandida é o modo padrão de estar no mundo.

Aprofundar essa prática é embarcar numa relação mais próxima com a Fonte. Quando reduzimos a interferência do nosso filtro, nos tornamos mais capazes de reconhecer os ritmos e os movimentos que nos cercam. Isso permite que nos envolvamos de maneira mais harmoniosa com eles.

Quando notamos os ritmos e os ciclos do planeta e escolhemos viver de acordo com suas estações, algo notável acontece. Ficamos conectados.

Começamos a nos ver como parte de um todo maior que se regenera constantemente. E podemos então aproveitar essa força de propagação todo-poderosa e surfar sua onda criativa.

⊙

Para dar suporte à nossa prática, podemos estabelecer uma programação diária, de modo que nos dediquemos a rituais específicos em determinadas horas do dia ou da semana.

Os gestos não precisam ser grandiosos. Pequenos rituais podem fazer uma grande diferença.

Podemos decidir respirar três vezes lenta e profundamente ao acordar todas as manhãs. Esse simples ato pode definir o curso do dia: imóveis, centrados e presentes naquele momento.

Podemos também fazer as refeições atentamente, saboreando cada garfada devagar e com apreço. Ou fazer uma caminhada diária em um parque ou na praia, olhando tudo com gratidão e conexão. Ou reservar um momento para nos maravilharmos com os batimentos do nosso coração e o fluir do sangue nas nossas veias antes de dormir.

O propósito desses exercícios não está necessariamente no fazer, assim como a meta da meditação não está em meditar. O objetivo é tentar evoluir o modo como vemos o mundo quando não estamos engajados nesses atos. Estamos alimentando a musculatura da nossa psique para que possamos entrar em sintonia mais intensamente. É disso que trata este trabalho.

A consciência precisa de renovação constante. Caso se torne um hábito, ainda que seja um bom hábito, precisará ser reinventada de novo e de novo.

Até que, um dia, você nota que está sempre na prática da consciência plena, o tempo todo, em todos os lugares, levando a vida num estado de constante abertura para receber qualquer sinal.

Viver como um artista é uma prática.
Você se engaja nela
ou não.

Não faz sentido dizer que você não é bom nisso.
É como dizer "Não sou bom em ser monge".
Você vive como monge ou não.

Tendemos a pensar na obra do artista
como o produto.

A obra real do artista
é um modo de estar no mundo.

Mergulhar
(As grandes obras)

◉

Ampliar a prática da consciência é uma opção que podemos escolher a qualquer momento.

Não é uma busca, embora seja provocada por curiosidade ou fome. Fome de ver belas coisas, ouvir belos sons, ter sensações mais profundas. De aprender, fascinar-se e surpreender-se de maneira contínua.

A serviço desse instinto robusto, considere mergulhar no cânone das grandes obras. Leia a melhor literatura, assista às obras-primas do cinema, aproxime-se dos quadros mais influentes, visite marcos arquitetônicos. Não há uma lista-padrão; ninguém tem a mesma medida de grandeza. O "cânone" muda continuamente no tempo e no espaço. Ainda assim, a exposição à grande arte é um convite. Ela nos empurra adiante e abre as portas da possibilidade.

Se, em vez de ler notícias, você escolher ler clássicos da literatura todos os dias durante um ano, sua sensibilidade para reconhecer a grandeza dos livros, e não da mídia, estará mais apurada no fim desse período.

Isso se aplica a todas as escolhas que fazemos. Não só à arte, mas aos amigos que elegemos, às conversas que temos, e até mesmo aos pensamentos que cultivamos. Todos esses aspectos afetam nossa capacidade de distinguir o bom do muito bom e o muito bom do grandioso. Eles nos ajudam a determinar o que merece nosso tempo e nossa atenção.

Porque há uma quantidade infinita de dados disponíveis e, como temos uma largura de banda limitada, é preciso pensar com cuidado e selecionar bem a qualidade do que deixamos entrar em nosso dia a dia.

Isso não se aplica apenas se a sua meta for criar arte de relevância duradoura. Mesmo que seu objetivo seja fazer um lanche, provavelmente o sabor será melhor se você experimentar os alimentos frescos disponíveis durante o processo. Aprimore seu paladar.

A meta dessa curadoria não é aprender a imitar a excelência, mas calibrar nosso medidor interno. Assim, podemos escolher melhor dentre os milhares de opções que, em última análise, levarão à nossa grande obra.

A natureza como professora

(·)

De todas as grandes obras que podemos experimentar, a natureza é a mais absoluta e duradoura. Podemos testemunhar sua mudança ao longo das estações. Podemos vê-la nas montanhas, no oceano, nos desertos e nas florestas. Podemos observar as variações da lua a cada noite e a relação entre a lua e as estrelas.

Nunca faltam fascínio e inspiração ao ar livre. Se dedicássemos a vida a somente notar as mudanças naturais de luz e sombra com o passar das horas, descobriríamos constantemente algo novo.

Não é preciso entender a natureza para apreciá-la. Isso é válido para todas as coisas. Basta ter consciência dos momentos em que ficamos sem fôlego diante de algo de grande beleza.

Pode ser ao testemunhar a formação de pássaros numa única linha que serpenteia pelo céu crepuscular semi-iluminado ou ao parar maravilhado ao pé de uma sequoia gigante de milhares de anos. Há tanta sabedoria na natureza que, quando a notamos, há um despertar de possibilidades dentro de nós. É pela comunhão com a natureza que nos aproximamos de nossa própria natureza.

Quando escolhe cores com base na escala Pantone, você se limita a um determinado número de opções. Se vai para a natureza, a paleta é infinita. Cada rocha tem tanta variação de cores que nunca encontraríamos a lata de tinta que imita aquela tonalidade exata.

A natureza transcende nossa tendência a rotular e classificar, a reduzir e limitar. O mundo natural é insondavelmente mais rico, interligado e complicado do que nos ensinam e muito mais misterioso e belo.

Aprofundar a conexão com a natureza servirá ao nosso espírito, e o que serve ao nosso espírito serve, invariavelmente, à produção artística.

Quanto mais perto chegarmos do mundo natural, mais cedo começaremos a notar que não estamos separados dele. E que, ao criarmos, não apenas exprimimos nossa individualidade, que é única, como estabelecemos uma conexão perfeita com uma unicidade infinita.

Há uma razão para nos sentirmos atraídos
a fitar o oceano.
Dizem que o oceano oferece
um reflexo mais íntimo de quem
somos do que qualquer espelho.

Nada é estático

⊙

O mundo está sempre mudando.

Você pode se dedicar à mesma prática de consciência cinco dias seguidos no mesmo lugar e a cada vez ter uma experiência única.

Sons e cheiros diferentes estarão presentes. Não há duas lufadas de vento iguais. A tonalidade e a qualidade da luz do sol mudam a cada minuto, de um dia para outro.

Na riqueza da natureza, as variações são facilmente notadas. Algumas gritam, outras sussurram. Mesmo quando um elemento parece estático, seja uma obra de arte num museu, seja um objeto cotidiano na cozinha, quando o olhamos profundamente vemos o que é novo. Reconhecemos aspectos que antes não percebíamos.

Releia o mesmo livro várias vezes e você provavelmente achará novos temas, tendências, detalhes e conexões.

Não se pode entrar no mesmo rio duas vezes porque ele está sempre fluindo. Tudo está.

O mundo muda constantemente, e não importa com que frequência nos envolvemos com a prática de prestar atenção, sempre haverá algo novo a observar. Cabe a nós descobrir.

Do mesmo modo, estamos sempre mudando, crescendo, evoluindo. Aprendemos e esquecemos coisas. Passamos por estados de espírito, pensamentos e processos inconscientes diferentes. As células do corpo morrem e se regeneram. Ninguém é a mesma pessoa o dia inteiro.

Mesmo que o mundo externo permanecesse estático, as informações que absorvemos ainda estariam mudando. E também a obra que produzimos.

A pessoa que faz algo hoje
não é a mesma pessoa
que volta ao trabalho amanhã.

Olhe para dentro

◉

O som da água correndo a distância é audível.

Sinto uma brisa que pode ser de ar quente, embora seja difícil dizer, porque os pelos do meu braço consideram o movimento refrescante.

Dois passarinhos cantam e, de olhos fechados, imagino que estejam a aproximadamente cinquenta passos atrás de mim, à direita.

Agora um passarinho menor, ou pelo menos com um trinado mais agudo, entra na paisagem sonora atrás de mim, à esquerda. Pelo jogo rítmico, parece claro que os passarinhos não estão conversando. Cada um canta a sua própria música.

Noto o som da passagem de um carro e, a distância, vozes de crianças. Uma sugestão de música rítmica chega pela extrema esquerda.

Sinto coceira no lado esquerdo do rosto, bem na frente da orelha.

Um carro com um som mais alto e pesado passa, e me dou conta de que há um pouco de jazz muito mais perto de onde estou parado. Só agora percebo que coloquei essa música para tocar mais cedo, em volume baixo, e ela estava inaudível até este momento.

Alguém chega. Abro os olhos. E tudo some.

É comum acreditar que a vida é uma série de experiências externas. E que precisamos de uma vida externamente extraordinária para ter algo a compartilhar. Em geral, a experiência de nosso mundo interior é ignorada por completo.

Se nos concentrarmos no que acontece dentro de nós – sensações, emoções, padrões de pensamento –, vamos encontrar um tesouro de material. Nosso mundo interior é tão interessante, belo e surpreendente quanto a própria natureza. Afinal de contas, nasceu dela.

Quando vamos para dentro, processamos o que acontece no lado de fora. Não estamos mais separados. Estamos conectados. Somos um só.

Em última análise, não faz diferença se o seu conteúdo tem origem no interior ou no exterior. Se um belo pensamento ou frase vem à mente ou se você vê um belo pôr do sol, um não é melhor que o outro. Ambos são igualmente belos, só que de maneira diferente. É sempre bom considerar que há mais opções disponíveis para nós do que conseguimos perceber.

As lembranças e o subconsciente

(•)

Quando são apresentados a novas trilhas instrumentais, alguns vocalistas gravam os primeiros sons que saem de sua boca sem qualquer tipo de pensamento ou preparação.

Em geral, cantam palavras aleatórias ou sons que não são palavras. Não é raro que, dessa algaravia, uma história se desenvolva ou frases importantes despontem.

Não há vontade ativa de escrever nesse processo. A obra está sendo criada em nível subconsciente. O material existe mas está escondido nos labirintos da mente.

Há práticas que podem ajudar a acessar esse poço profundo dentro de nós. É possível fazer, por exemplo, um exercício para despertar a raiva que não é expressa: você bate com os punhos fechados numa almofada durante cinco minutos. É mais difícil do que você pensa se lançar a essa prática durante todo esse tempo. Marque os minutos e vá com tudo. Então preencha imediatamente cinco páginas com os sentimentos e as emoções que surgirem.

O objetivo não é pensar, para evitar direcionar o conteúdo da forma que for. Apenas escreva as palavras que saírem.

Há um reservatório abundante de informações de alta qualidade em nosso subconsciente, e encontrar maneiras de acessá-lo pode despertar um novo material a ser usado.

A psique tem um elo com uma sabedoria universal muito mais profunda do que a que encontramos na mente consciente. E ela oferece uma visão muito menos limitada. Uma fonte oceânica.

Não sabemos como isto funciona nem por que funciona, mas muitos artistas se conectam a algo além de si mesmos sem reconhecer o processo em jogo, simplesmente por acessar o subconsciente.

Muitas vezes, alcançar esse estado está fora de nosso controle. Alguns artistas criaram suas melhores obras quando estavam febris, com mais de 39,5°. Essa condição de quase transe não passa pela parte pensante do cérebro e entra em contato com o estado de sonho.

Há muita sabedoria na transição entre a vigília e o sono. Pouco antes de adormecer, quais pensamentos e ideias você tem? Como se sente quando desperta de um sonho?

Na sabedoria da tradição do yoga tibetano dos sonhos, os lamas dizem que o estado onírico é tão real – ou irreal – quanto a vigília.

Fazer um diário dos sonhos pode ser útil. Deixe papel e caneta perto da cama e, assim que acordar, comece a escrever imediatamente, com o máximo de detalhes possível, antes de fazer qualquer outra coisa. Tente limitar os movimentos desnecessários. Virar a cabeça pode ser suficiente para apagar o sonho da memória armazenada.

Enquanto escreve, a imagem vai se desenvolver e você recordará mais sobre a história, o ambiente e os detalhes do que no momento em que pôs a caneta no papel. Quanto mais treinar essa prática, uma manhã após outra, mais recordará os sonhos. Também ajuda ir dormir com a intenção de se lembrar do sonho na manhã seguinte.

As lembranças podem ser vistas como oníricas. Elas são mais uma história romântica do que a documentação fiel de um evento da vida. E há um bom conteúdo para ser encontrado nas recordações oníricas que temos de experiências passadas.

Outra ferramenta útil é a aleatoriedade – ou, mais exatamente, a aparente aleatoriedade, pois pode haver organização em um nível diferente daquele que entendemos.

Quando jogamos o I-Ching, por exemplo, não determinamos como cairão os bastões e as moedas. Mas, por meio deles, obtemos informações que podemos usar para tomar decisões e, mais uma vez, sem passar pela mente consciente, talvez explorar uma inteligência maior.

Está sempre lá

Sou intensamente afetado pelo sol. Quando o dia está claro, me sinto cheio de energia. Quando o dia está sombrio, fico sombrio.

Em dias nublados, é bom entrar em sintonia com o fato de o sol ainda estar lá. Embora apenas escondido atrás de uma camada mais grossa de nuvens. Ao meio-dia, o sol estará alto no céu, não importa se lá fora está claro ou escuro.

Do mesmo modo, independentemente de estarmos prestando atenção ou não, as informações que buscamos estão por aí. Se prestarmos atenção, vamos entrar mais em sintonia com elas. Se não, vamos deixá-las passar.

Quando deixamos de percebê-las, elas realmente passam por nós. Amanhã haverá outra oportunidade de prestar atenção, mas nunca é a oportunidade da mesma atenção.

Ambiente

⊙

Somos afetados pelo nosso entorno, e encontrar o melhor ambiente para criar um canal claro é algo que cada um deve testar por si mesmo. Também depende de qual seja a nossa intenção.

Lugares isolados, como uma floresta, um mosteiro ou um veleiro no meio do oceano, são bons para receber transmissões diretas do Universo.

Se, em vez disso, você quiser entrar em sintonia com a consciência coletiva, pode se sentar num ponto movimentado, com pessoas indo e vindo, e experimentar a Fonte filtrada pela humanidade. Essa abordagem de segunda mão é igualmente válida.

Um passo à frente seria se conectar com a cultura em si e consumir com frequência arte, entretenimento, notícias e mídias sociais. E, ao mesmo tempo, observar os padrões que o Universo está oferecendo.

É útil ver as correntes da cultura sem se sentir obrigado a seguir seu fluxo. Em vez disso veja essas correntes da mesma maneira conectada e desprendida com que notaria um vento quente. Deixe-se mover dentro delas, sem *fazer parte* delas.

O lugar conectado de um pode ser a distração de outro. E ambientes diferentes podem ser o certo em diferentes momentos de nosso processo artístico. Dizem que Andy Warhol criava com televisão, rádio e toca-discos ligados ao mesmo tempo. Para Eminem, o ruído de uma única TV é seu pano de fundo preferido para escrever. Marcel Proust forrava as paredes com cortiça isolante, fechava as cortinas, usava tampões de ouvido. Kafka também levava ao extremo a necessidade de silêncio – "Não como um ermitão", disse certa vez, "mas como um morto". Não há jeito errado. Há apenas o seu jeito.

Nem sempre é fácil seguir as informações energéticas sutis que o Universo transmite, principalmente quando amigos, familiares, colegas de trabalho ou os que têm interesse comercial em sua criatividade oferecem conselhos aparentemente racionais que questionam seu saber intuitivo. Até onde consigo, tenho seguido minha intuição nas viradas da carreira, e todas as vezes me recomendaram que não o fizesse. Ajuda muito perceber que é melhor seguir o Universo do que as pessoas que o cercam.

A interferência também pode vir das vozes internas. As vozes em sua cabeça que murmuram que você não tem talento suficiente, que sua ideia não é boa o bastante, que a arte não é um investimento merecedor de seu tempo, que o resultado não será bem recebido, que você é um fracasso quando a criação não é bem-sucedida. É aconselhável baixar o volume dessas vozes para ouvir o carrilhão do relógio cósmico que lhe lembra que está na hora.

Está na hora de participar.

Insegurança

⊙

A insegurança está viva em todos nós. E, embora preferíssemos que nos deixasse em paz, ela existe para nos servir.

As falhas são humanas, e a atração da arte é justamente a humanidade que há nela. Se fôssemos máquinas, a arte não reverberaria em nós. Seria sem alma. Com a vida, vêm a dor, a insegurança e o medo.

Somos todos diferentes e somos todos imperfeitos. São as imperfeições que tornam nossa obra e cada um de nós interessantes. Criamos peças que refletem quem somos e, se a insegurança fizer parte de quem somos, nossa obra consequentemente terá um grau maior de verdade.

Fazer arte não é um ato competitivo. Nossa obra é uma representação do eu. Você erraria ao dizer "Não estou à altura do desafio". Sim, talvez precise aprofundar seu ofício para concretizar plenamente sua visão. Se não estiver à altura, ninguém mais estará. Só você consegue. Você é o único que tem a sua voz.

Muitas vezes, as pessoas que escolhem a arte são as mais vulneráveis. Há cantores entre os melhores do mundo que não conseguem se forçar a escutar a própria voz. E não são raras exceções. Muitos artistas, em diversas arenas, têm problemas similares.

A sensibilidade que lhes permite fazer arte é a mesma que os torna mais sensíveis a julgamentos. Ainda assim, muitos continuam a compartilhar seu trabalho e, apesar de tudo, se arriscam a receber críticas. É como se não tivessem alternativa. Ser artista é o que são, e eles se tornam íntegros por meio da expressão pessoal.

Quando o criador tem tanto medo dos julgamentos que não consegue avançar, pode ser que o desejo de compartilhar a obra não seja tão forte quanto o desejo de se proteger. Talvez a arte não seja seu papel. Seu temperamento pode servir a outro objetivo. Esse caminho não é para todos. A adversidade faz parte do processo.

Não somos obrigados a seguir esse chamado porque temos talento ou habilidade. Vale lembrar que somos abençoados por conseguirmos criar. É um privilégio. Nós escolhemos esse caminho, mas não somos impelidos a trilhá-lo. Se preferimos não fazer isso, então não façamos.

Alguns artistas de sucesso são profundamente inseguros, se autossabotam, têm dificuldade com vícios ou enfrentam outros obstáculos para produzir e compartilhar seu trabalho. Uma autoimagem nada saudável ou as dificuldades da vida alimentam grandes obras de arte e criam um poço profundo de ideias e emoções para o artista aproveitar. Mas também podem atrapalhar e impedir que ele faça muitas coisas durante longos períodos.

Pessoas particularmente afetadas nesse sentido não conseguem produzir obras criativas muitas e muitas vezes. Não porque não sejam capazes em termos artísticos, mas porque só são capazes de resolver as próprias questões uma ou duas vezes para compartilhar uma grande obra.

Uma das razões pelas quais tantos grandes artistas morrem de overdose no início da vida é o fato de usarem as drogas para amortecer uma existência muito dolorosa. E a razão de ser tão dolorosa é a mesma que os levou a se tornarem artistas: sua incrível sensibilidade.

Quem vê beleza ou dor onde os outros veem pouco ou nada enfrenta sentimentos intensos o tempo todo. Essas emoções podem ser confusas ou esmagadoras. Você pode ser levado a uma sensação de isolamento e de não pertencimento, de alteridade mesmo, quando os que estão à sua volta não veem o que você vê nem sentem o que você sente.

Essas emoções carregadas, poderosas quando expressas na obra, são as mesmas nuvens escuras que imploram por entorpecimento para permitir que o sono venha ou que haja o impulso de sair da cama e enfrentar o dia pela manhã. São uma bênção e uma maldição.

Invente

⊙

Embora possam servir à arte, as correntes subterrâneas da insegurança interferem no processo criativo. Começar uma obra, concluir uma obra e mostrar uma obra: momentos fundamentais em que muitos ficamos empacados.

Como avançar, considerando as histórias que contamos a nós mesmos?

Uma das melhores estratégias é reduzir o risco.

Tendemos a pensar que o que estamos fazendo é a coisa mais importante da vida e que vai nos definir por toda a eternidade. Pense em avançar partindo do ponto de vista mais exato de que é uma pequena obra, um começo. A missão é completar o projeto para que você possa passar ao próximo. Esse próximo será mais um degrau para a obra seguinte. E assim continuamente, em ritmo produtivo, ao longo de toda a sua trajetória criativa.

Toda arte é uma obra em andamento. Vale a pena ver a peça

em que estamos trabalhando como um experimento. Um experimento cujo resultado não podemos prever. Seja qual for, receberemos informações úteis que vão beneficiar o próximo experimento.

Se você partir do pressuposto de que não há certo ou errado, bom ou mau, e de que a criatividade é um jogo livre e sem regras, será mais fácil mergulhar alegremente no processo da criação.

Não jogamos para vencer, jogamos para jogar. Em última análise, jogar é divertido. O perfeccionismo atrapalha a diversão. Uma meta mais hábil pode ser encontrar conforto no processo. Para fazer e produzir obras sucessivas com facilidade.

Oscar Wilde dizia que algumas coisas são importantes demais para serem levadas a sério. A arte é uma delas. Adotar um padrão mais baixo, principalmente no início, nos libera para brincar, explorar e testar sem apego ao resultado.

Esse não é apenas um caminho para pensamentos mais encorajadores. A melhor obra se revela por meio de uma brincadeira ativa e da experimentação até ficarmos alegremente surpresos.

⊙

Outra abordagem para superar a insegurança é rotulá-la. Trabalhei com um artista paralisado pelas dúvidas e incapaz de avançar. Perguntei se conhecia o conceito budista de *papancha*, que se traduz como *preponderância de pensamentos*. Trata-se da tendência que a mente tem de reagir a nossas experiências com uma avalanche de conversa mental.

Ele respondeu: "Sei exatamente o que é. Sou eu."

Agora que tinha um nome para aquilo que o atrapalhava, ele conseguiu normalizar suas dúvidas e não levá-las mais tão a sério. Quando surgiam, nós as chamávamos de *papancha*, as observávamos e seguíamos em frente.

Estive numa reunião com outra artista que havia acabado de lançar um disco de muito sucesso, mas sentia medo de criar novos trabalhos e listava diversas razões para não querer mais compor. Sempre há boas razões para não continuar.

"Tudo bem, você não precisa mais compor. Não há nada de errado nisso. Se não a deixa feliz, pare. A escolha é sua."

Assim que eu disse isso, a expressão dela mudou; ela percebeu que seria mais feliz criando do que não criando.

Gratidão também pode ser uma boa ajuda. Perceber que você é afortunado por estar numa posição que lhe permite criar e, em alguns casos, ser pago para fazer o que ama pode virar a balança a favor da obra.

Em última análise, seu desejo de criar tem de ser maior que o medo.

Mesmo para grandes artistas, esse medo nunca passa. Um cantor lendário, apesar de se apresentar por mais de cinco décadas, jamais conseguiu eliminar o medo do palco. Apesar de sentir um temor tão forte que o fazia passar mal, ele ainda ficava sob os refletores todas as noites e fazia um espetáculo fascinante. Quando aceitamos a insegurança em vez de tentar eliminá-la ou reprimi-la, reduzimos sua energia e sua interferência.

⊙

Vale a pena notar a distinção entre duvidar da obra e duvidar de si mesmo. Um exemplo de duvidar da obra seria "Não sei se minha música é a melhor que poderia ser". Duvidar de si mesmo seria "Não consigo compor uma boa canção".

Essas afirmativas estão a um mundo de distância, tanto em exatidão quanto em impacto sobre o sistema nervoso. Duvidar de si mesmo causa desesperança, a sensação de não estar à altura da tarefa. O pensamento do tipo tudo ou nada é a receita do fracasso.

No entanto, às vezes duvidar da qualidade do trabalho ajuda a melhorá-lo. Você pode duvidar do caminho para a excelência.

Se tiver uma versão imperfeita de uma obra que você ama, talvez descubra que ao parecer finalmente perfeita você não a ama mais do mesmo modo. Esse é um sinal de que a versão imperfeita era a melhor. A razão da obra não é a perfeição.

Uma coisa que aprendi com o revisor ortográfico é que invento palavras regularmente. Digito uma palavra e o computador me diz que ela não existe. Como ela parece dizer o que quero, às vezes decido usá-la assim mesmo. Sei o que significa, e talvez o leitor compreenda o significado melhor do que se eu usasse uma palavra real.

As imperfeições que somos tentados a consertar podem ser às vezes o que torna a obra excelente. Outras vezes não. Raramente sabemos o que torna uma peça excelente. Ninguém pode saber. As razões mais plausíveis, na melhor das hipóteses, são teorias. O *porquê* está além de nossa compreensão.

A Torre Inclinada de Pisa foi um erro arquitetônico que os construtores exacerbaram ainda mais tentando consertar. Agora, centenas de anos depois, é um dos prédios mais visitados do mundo exatamente por causa do erro.

Na cerâmica japonesa, há uma forma artística de conserto chamada *kintsugi*. Quando uma peça de cerâmica se quebra, em vez de tentar devolvê-la à condição original o artesão acentua a falha usando ouro para preencher as rachaduras. Isso chama lindamente atenção para os pontos onde a obra se partiu, criando um veio dourado. Em vez de diminuir a obra, a falha se torna o ponto focal, uma área de força física e estética. A cicatriz também conta a história da peça e relata sua experiência passada.

Podemos aplicar essa técnica a nós mesmos e abraçar nossas imperfeições. Sejam quais forem as nossas inseguranças, elas podem ser reformuladas e usadas como força motriz da criatividade. Elas só se tornam um obstáculo quando impedem a nossa capacidade de compartilhar o que está mais perto do coração.

A arte cria uma ligação profunda
entre o artista e o público.
Com essa conexão,
ambos podem encontrar a cura.

Distração

A distração é uma das melhores ferramentas disponíveis para o artista quando usada com habilidade. Em alguns casos, é a única maneira de chegar aonde queremos.

Na meditação, assim que a mente se aquieta, a sensação de espaço vazio pode ser dominada por uma preocupação ou um pensamento aleatório. É por isso que muitas escolas de meditação ensinam os alunos a usar mantras. Uma frase automaticamente repetida deixa pouco espaço na mente para pensamentos que nos tiram do momento presente.

O mantra, então, é uma distração. E embora algumas distrações possam nos tirar do aqui e agora, outras podem manter nossa consciência ocupada para que o inconsciente fique livre para trabalhar por nós. Kombolóis, rosários e japamalas funcionam da mesma maneira.

Quando chegamos a um impasse em qualquer momento do

processo criativo, vale a pena se afastar do projeto para criar espaço e permitir que a solução apareça.

Podemos manter o problema a ser resolvido no fundo da consciência, de leve, e não no primeiro plano. Assim, ele se mantém presente no decorrer do tempo enquanto nos dedicamos a uma tarefa simples que não esteja relacionada especificamente com ele. Entre os exemplos estão dirigir, caminhar, nadar, tomar banho, lavar louça, dançar ou qualquer atividade que possamos realizar no piloto automático. Às vezes, o movimento físico faz com que as ideias se movam.

Alguns músicos acham mais fácil compor melodias quando dirigem do que se estivessem sentados numa sala com o gravador ligado. Esse tipo de distração mantém uma parte da mente ocupada e libera o restante para permanecer aberta a tudo que vier. Talvez esse processo de *pensamento sem pensar* nos permita ter acesso a uma área diferente do cérebro: aquela que vê mais ângulos do que o caminho direto.

Distração não é procrastinação. A procrastinação corrói constantemente a capacidade de criação. A distração é uma estratégia a serviço da obra.

Às vezes, se afastar
é a melhor maneira de se aproximar.

Colaboração

Nada começa a partir de nós.

Quanto mais prestamos atenção, mais percebemos que toda obra que chegamos a criar é uma colaboração.

É uma colaboração com a arte que veio antes e com a arte que virá depois. É também uma colaboração com o mundo em que vivemos. Com as experiências que tivemos. Com as ferramentas que usamos. Com o público. E com quem você é hoje.

O "eu" tem aspectos distintos. É possível criar uma peça, amá-la e, ao olhá-la no dia seguinte, sentir algo completamente diferente em relação a ela. O aspecto do artista inspirado pode estar em conflito com o aspecto do artesão, decepcionado com o fato de o artesão ser incapaz de materializar a visão do artista inspirado. Esse é um conflito comum entre os criadores, já que não há conversão direta do pensamento abstrato em uma forma material. A obra é sempre uma interpretação.

O artista tem muitos aspectos diferentes, e a criatividade é uma discussão interna entre esses aspectos do eu. A negociação continua até os eus criarem juntos a melhor obra que conseguirem.

A obra em si também usa vestimentas diferentes. Você pode criar uma obra e sentir que sabe exatamente o que ela é; então outra pessoa a experimenta e sente que sabe o que ela é; mesmo assim, o que você vê e o que o outro vê são bem diferentes. O mais interessante é que nenhum dos dois está certo. E os dois estão certos.

Não há por que se preocupar com isso. Se o artista está satisfeito com a obra que cria e o espectador se anima com a obra de que desfruta, não importa que não a vejam da mesma maneira. É mesmo impossível alguém usufruir sua obra como você ou qualquer outra pessoa.

Você pode ter uma ideia distinta do que a peça significa, de como ela funciona ou por que é atrativa – e outra pessoa pode gostar ou não dela por uma razão totalmente diferente.

O propósito da obra é, antes de tudo, despertar algo em você e, depois, permitir que algo desperte nos outros. E tudo bem se não despertar a mesma coisa. Só podemos torcer para que a *magnitude* da carga que experimentamos reverbere nos outros com a mesma potência que em nós.

Às vezes, o artista não é o artesão da obra. Marcel Duchamp encontrava objetos cotidianos – uma pá de tirar neve, uma roda de bicicleta, um mictório – e simplesmente decidia que eram obras de arte. Ele os chamava de *readymades*. Uma pintura é apenas uma pintura até você colocar a moldura e pendurá-la na parede; então ela se torna arte.

O que é considerado arte é apenas um acordo. E nada disso é verdade.

A verdade é que você nunca está sozinho quando cria arte. Está em diálogo constante com o que é e o que foi, e quanto mais estiver em sintonia com essa discussão, melhor servirá à obra à sua frente.

Intenção

⊙

Um senhor idoso caminhava todos os dias para buscar água no poço em Calcutá. Levava uma vasilha de cerâmica e a baixava lentamente até o fundo com a mão, com cuidado para não deixar a vasilha bater nas paredes do poço e se quebrar.

Quando percebia que estava cheia, o idoso a erguia devagar e cuidadosamente. Era um ato lento e concentrado.

Certo dia um viajante notou aquele senhor cumprindo sua difícil tarefa. Mais experiente com a mecânica, o homem mostrou ao mais velho como usar um sistema de roldanas.

"Assim a vasilha vai descer rapidamente em linha reta", explicou o viajante, "vai encher-se de água e subir sem bater nas laterais. É muito mais fácil. A vasilha ficará igualmente cheia com muito menos trabalho."

O idoso olhou para ele e disse: "Acho que vou continuar fazendo como sempre fiz. Realmente tenho que pensar em cada movimento, e há muito cuidado envolvido em fazer do jeito certo. Imagino que, se usasse a roldana, ficaria fácil, e eu começaria a pensar em outra coisa enquanto pego água. Se eu investir tão pouco tempo e cuidado, que sabor terá a água? Não poderá ser tão gostosa."

Nossos pensamentos, sentimentos, processos e crenças inconscientes têm uma energia que fica oculta na obra. Essa força invisível e imensurável dá a cada peça seu magnetismo. Um projeto concluído é formado apenas por nossa intenção e nossos experimentos. Remova a intenção e restará apenas uma casca ornamental.

Embora o artista possa ter várias metas e motivações, a intenção é uma só. Esse é o gesto grandioso da obra.

Não é um exercício de pensamento, uma meta a estabelecer nem um meio de transformá-la em mercadoria. É uma verdade que vive dentro de você. Ao vivê-la, essa verdade fica incrustada na obra. Se a obra não representar quem você é e o que está vivendo, como poderá guardar uma carga energética?

A intenção é mais que um propósito consciente, é a congruência desse propósito. Isso exige um alinhamento de todos os aspectos do eu. De pensamento consciente e crenças inconscientes, de capacidades e compromisso, de ações quando se está trabalhando ou não. É um estado de viver em acordo harmônico consigo mesmo.

Nem todos os projetos levam tempo, mas todos exigem uma vida inteira. Na caligrafia, a obra é criada com um movimento do pincel. Toda a intenção está naquele único movimento concentrado. A linha é um reflexo da transferência da energia do ser do artista, de toda a história de suas experiências, seus pensamentos e suas apreensões para a mão. A energia criativa existe na jornada do fazer, não no ato de construir.

⊙

Nossa obra representa um propósito mais elevado. Quer saibamos ou não, somos um canal do Universo. O material tem permissão de passar por nós. Se formos um canal límpido, nossa intenção refletirá a intenção do cosmo.

A maioria dos criadores pensa em si como um maestro. Se nos afastarmos de nossa visão estreita da realidade, funcionaremos mais como um instrumentista em uma sinfonia muito maior que está sendo orquestrada pelo Universo.

Podemos não ter uma grande compreensão de qual é essa obra magna, porque só vemos a pequena parte que tocamos.

A abelha, atraída pelo aroma da flor, pousa numa, depois em outra e, sem perceber, permite a reprodução da planta. Se a abelha desaparecer, não só as flores mas as aves, os pequenos mamíferos e os seres humanos provavelmente deixarão de existir. É justo supor que a abelha não conhece seu papel nesse quebra-cabeça e na preservação do equilíbrio da natureza. A abelha simplesmente é.

Do mesmo modo, o produto da criatividade humana, com todo o seu fôlego caleidoscópico, monta o tecido que forma a cultura. A intenção por trás de nossa obra é o aspecto que lhe permite se encaixar perfeitamente nesse tecido. Raramente, para não dizer nunca, conhecemos a intenção grandiosa, mas nos rendemos ao impulso criativo; nossa peça singular do quebra-cabeça assume a forma adequada.

A intenção é tudo o que existe. A obra é apenas um lembrete.

Regras

⊙

A regra é qualquer princípio condutor ou critério criativo. Pode existir dentro do artista, do gênero ou da cultura. Pela própria natureza, as regras são limitações.

As leis da matemática e da ciência são diferentes das regras de que tratamos aqui. São leis que descrevem relações precisas do mundo físico e que, como bem sabemos, são verdadeiras porque foram testadas em relação ao próprio mundo.

As regras que os artistas aprendem são diferentes. São suposições, não absolutas. Descrevem uma meta ou um método para obter resultados de curto ou longo prazo. Existem para serem testadas. E só têm valor enquanto forem úteis. Não são leis da natureza.

Todo tipo de suposição se finge de lei: a sugestão de um livro de autoajuda, algo ouvido numa entrevista, a melhor dica de seu artista favorito, uma expressão da cultura ou algo que um professor já lhe disse.

As regras nos direcionam a comportamentos medianos. Quando queremos criar obras excepcionais, a maioria dessas regras não se aplica. A mediocridade não é algo a aspirar.

A meta é não se encaixar. No mínimo, é ampliar as diferenças, aquilo que não se encaixa, aquelas características especiais exclusivas da sua visão do mundo.

Em vez de soar como os outros, valorize sua própria voz. Desenvolva-a. Valorize-a.

A obra mais interessante será aquela que não seguir uma convenção estabelecida. A razão para fazer arte é inovar e se autoexprimir, mostrar algo novo, dividir o que há por dentro e transmitir seu ponto de vista singular.

⊙

As pressões e as expectativas vêm de diversas direções. Os costumes da sociedade ditam o que é certo e o que é errado, o que é aceito e o que é malvisto, o que é comemorado e o que é repudiado.

Os artistas que definem cada geração são os que vivem fora dessas fronteiras. Não os que personificam as crenças e as convenções de seu tempo, mas os que as transcendem. Arte é confronto. Ela amplia a realidade do público e lhe permite vislumbrar a vida por uma janela diferente. Uma janela com potencial de uma vista nova e gloriosa.

No início, desenvolvemos nosso oficio a partir de um modelo que veio antes. Se você estiver compondo uma música, talvez pense que ela precisa de três a cinco minutos de duração e certo número de repetições.

Para o passarinho, a música é algo muito diferente. O passarinho não prefere o formato de três a cinco minutos nem aceita o refrão como gancho, mas sua música é igualmente sonora. E ainda mais intrínseca ao ser do passarinho. É um convite, um alerta, um modo de se conectar, um meio de sobrevivência.

É uma prática saudável abordar nosso trabalho com o mínimo possível de regras, pontos de partida e limitações. Muitas vezes, os padrões do meio que escolhemos são tão onipresentes que os consideramos inevitáveis. São invisíveis e inquestionáveis. Isso torna quase impossível pensar fora do paradigma-padrão.

Visite um museu de arte. A maioria dos quadros que você verá será uma tela esticada sobre uma armação retangular de madeira, seja *A morte de Sócrates,* de Jacques-Louis David, ou as pinturas de Hilma af Klint. O conteúdo varia ainda que o material seja o mesmo. Há um padrão geralmente aceito.

Se você quiser pintar, é provável que comece esticando a tela sobre uma armação retangular de madeira em cima de um cavalete. Com base apenas nas ferramentas escolhidas, você já reduziu exponencialmente o que é possível antes que uma única gota de tinta faça contato com a tela.

Presumimos que o equipamento e o formato façam parte da forma de arte em si. Mas a pintura pode ser tudo que envolva o uso da cor numa superfície com propósito estético ou comunicativo. Todas as outras decisões cabem ao artista.

Convenções semelhantes estão tecidas na maioria das formas de arte: um livro tem um determinado número de páginas divididas em capítulos. O longa-metragem tem de 90 a 120 minutos, em geral com três atos. Incorporados a cada meio, há conjuntos de normas que restringem nosso trabalho antes mesmo de começarmos.

Os gêneros, especificamente, têm variações distintas das regras. Um filme de terror, um balé, um disco de música *country* – cada um tem expectativas específicas. No momento em que você usa um rótulo para descrever em que está trabalhando, vem a tentação de seguir suas regras.

Os modelos do passado podem ser uma inspiração nas fases iniciais, mas vale a pena pensar além do que já foi feito. O mundo não espera por mais do mesmo.

Muitas vezes, as ideias mais inovadoras saem daqueles criadores que dominam as regras de tal forma que conseguem ver além delas ou daqueles que jamais as aprenderam.

⊙

As regras mais enganosas são as que não podemos ver. Elas se encontram escondidas no fundo da mente, despercebidas, para além de nossa consciência. Entraram em nosso pensamento pela programação da infância, por lições que esquecemos, por osmose da cultura e pela imitação de artistas que nos inspiraram a tentar.

Essas regras podem nos servir ou nos limitar. Tome consciência de qualquer pressuposto com base no senso comum.

As regras obedecidas inconscientemente são muito mais fortes do que as estabelecidas de propósito. E têm uma probabilidade muito maior de prejudicar a obra.

⊙

Toda inovação se arrisca a virar regra. E a inovação se arrisca a virar um fim em si.

Quando fazemos uma descoberta que serve à obra, não é raro concretizá-la numa fórmula. Às vezes, decidimos que essa fórmula é quem somos como artistas. O que nossa voz é ou não é.

Embora isso possa beneficiar alguns criadores, pode ser uma limitação para outros. Às vezes, a fórmula reduz o retorno. Outras vezes, não reconhecemos que a fórmula é tão somente um pequeno aspecto do que dá à obra sua carga.

É útil questionar continuamente seu próprio processo. Se você obteve um bom resultado usando um estilo, um método ou uma condição de trabalho específicos, não suponha que é a melhor maneira. Ou a sua maneira. Ou a única maneira. Evite ser dogmático quanto a isso. Pode haver outras estratégias que funcionem igualmente bem e que permitam novas possibilidades, direções e oportunidades.

Isso nem sempre é válido, mas é algo a ser pensado.

⊙

Considerar que todas as regras podem ser quebradas é um modo saudável de viver como artista. Afrouxa as restrições que promovem a mesmice previsível nos métodos de trabalho.

Conforme há um avanço na carreira, é possível desenvolver uma coerência que se torna menos interessante com o tempo. O trabalho começa a parecer um emprego ou uma responsabilidade. Assim, é bom notar se você tem trabalhado com a mesma paleta de cores o tempo todo.

Comece o próximo projeto descartando essa paleta. A incerteza resultante pode ser uma proposta emocionante e assustadora. Quando você tiver um novo arcabouço, alguns elementos do processo antigo podem achar o caminho de volta à obra, e não há problema nenhum nisso.

É importante lembrar que, ao jogar fora o velho manual, você ainda conserva as habilidades que aprendeu ao longo do caminho. Essas habilidades duramente aprendidas transcendem as regras. São para você guardar. Imagine o que pode surgir quando você sobrepõe um conjunto novo de materiais e instruções a seus conhecimentos acumulados.

Quando se afasta das regras conhecidas, você esbarra em regras mais ocultas que o guiavam o tempo todo sem que você soubesse. Reconhecidas, essas regras podem ser descartadas ou usadas de forma mais intencional.

Vale a pena testar qualquer regra, seja ela consciente ou inconsciente. Desafie seus métodos e pressupostos. Talvez você encontre um modo melhor de trabalhar. E, mesmo que não seja melhor, você aprenderá com a experiência. Todas essas experiências são como lances livres. Você não tem nada a perder.

Cuidado com a suposição
de que seu modo de trabalhar
é o melhor
só porque
é o modo como você já fez.

O oposto é verdadeiro

Para qualquer regra que você aceitar
   do que pode ou não fazer como artista...
   do que sua voz é e não é...
   do que é necessário para fazer a obra e do que não é...
   vale a pena tentar o contrário.

Se for escultor, por exemplo, pode partir da ideia de que aquilo que está fazendo tem de existir no mundo material. Essa seria uma regra.

Explorar o contrário seria considerar de que modo uma escultura pode existir sem ser um objeto físico. Talvez sua melhor obra seja concebida de forma digital ou conceitual, sem nenhuma pegada sólida. Ou talvez não seja sua melhor obra, mas o processo de pensamento pode levá-lo a algum lugar novo e instigante.

Pense na regra como um desequilíbrio. As trevas e a luz só têm significado uma em relação à outra. Sem uma, a outra não existiria. São um sistema dinâmico combinado, como *yin* e *yang*.

Examine seus métodos e considere qual seria o contrário. O que mudaria o equilíbrio da balança? Qual seria a luz de suas trevas ou as trevas de sua luz? Não é raro que o artista se concentre numa das pontas da gangorra. Mesmo quando não escolhemos criar do outro lado, entender essa polaridade pode determinar nossas escolhas.

Outra estratégia seria dobrar a aposta, para levar ao extremo as nuances com que você trabalha atualmente.

Somente pela experimentação com o equilíbrio você descobre em que ponto está na gangorra. Quando identifica sua posição, você pode ir para o lado oposto em busca de equilíbrio ou avançar mais no lado em que está, criando mais impulso.

A cada regra seguida, examine a possibilidade de que o contrário possa ser interessante. Não necessariamente melhor, apenas diferente. Do mesmo modo, você pode tentar o contrário ou o extremo do que é sugerido nestas páginas e ter um bom resultado.

Escuta

⊙

Quando escutamos, só existe o agora. Na prática budista, toca-se um sino como parte do ritual. Instantaneamente, o som puxa os participantes para o momento presente. É um pequeno lembrete para despertar.

Embora os olhos e a boca possam se fechar, o ouvido não tem tampa, nada para fechá-lo. Ele aceita tudo que o cerca. Recebe, mas não pode transmitir.

O ouvido está simplesmente presente no mundo.

Quando ouvimos, os sons entram pelo ouvido de forma autônoma. Muitas vezes, não temos consciência de cada som individualmente e de todo o seu alcance.

Escutar é prestar atenção nesses sons, estar presente com eles, estar em comunhão com eles. Mas dizer que escutamos com os ouvidos ou com a mente talvez seja uma concepção errada. Escutamos com o corpo todo, com todo o nosso eu.

As vibrações que preenchem o espaço que nos cerca, as ondas sonoras que atingem o corpo, as percepções espaciais que elas indicam, as reações físicas internas que estimulam: tudo isso faz parte da escuta. Alguns sons graves só podem ser sentidos no corpo, não podem ser percebidos pelos ouvidos.

A diferença pode ser notada quando escutamos música com fones de ouvido, e não alto-falantes.

Os fones criam uma ilusão e enganam os sentidos para acreditarmos que ouvimos tudo o que a música oferece. Muitos artistas se recusam a usar fones no estúdio por oferecerem uma réplica ruim da experiência de escuta no mundo real. Com os alto-falantes, ficamos mais próximos do som dos instrumentos na sala – mergulhados fisicamente em todo o espectro sonoro da vibração.

Às vezes levamos a vida como se a recebêssemos por intermédio de um par de fones de ouvido. Tiramos o registro completo. Ouvimos informações, mas não percebemos as vibrações mais sutis da sensação no corpo.

Quando praticamos a escuta com todo o ser, expandimos o alcance da consciência para incluir quantidades imensas de informação que deixaríamos de perceber e descobrimos mais material para alimentar a arte.

Se é música o que você escuta, pense em fechar os olhos.

Talvez perceba que se perde na experiência. Quando a peça termina, talvez se surpreenda com o lugar onde está. Você foi transportado para outro lugar. O lugar onde mora a música.

⊙

A comunicação tem duas vias, mesmo quando uma pessoa fala e a outra escuta em silêncio.

Quando o ouvinte está totalmente presente, o falante tende

a se comunicar de forma diferente. Isso pode ser até incômodo para eles, porque a maioria das pessoas não está acostumada a ser plenamente ouvida.

Às vezes bloqueamos o fluxo de informações oferecido e comprometemos a verdadeira escuta. Nossa mente crítica pode entrar em cena e registrar o que aprovamos ou não, o que gostamos ou não. Podemos buscar razões para desconfiar do falante ou refutar o que ele diz.

Formular uma opinião não é escutar. Preparar uma resposta também não. Nem defender nossa posição ou atacar a do outro. Escutar com impaciência não é escutar.

Escutar é suspender a descrença.

Estamos recebendo abertamente aquilo que é falado. Prestando atenção sem nenhuma ideia preconcebida. A única meta é entender plena e claramente o que está sendo transmitido e permanecer presente diante do que está sendo expresso – permitindo que seja o que é.

Qualquer coisa a menos, além de desserviço ao falante, é desserviço a você mesmo. Enquanto cria e defende uma história em sua cabeça, você perde informações que podem alterar ou modificar seus pensamentos atuais.

Se formos além de nossa resposta automática, podemos descobrir que há algo mais que reverbera dentro de nós ou ajuda nossa compreensão. As novas informações podem reforçar uma ideia, alterá-la um pouco ou invertê-la completamente.

Escutar sem preconceito é o modo como crescemos e aprendemos como pessoas. Com muita frequência, não há respostas certas, só pontos de vista diferentes. Quanto mais pontos de vista aprendemos a ver, maior se torna nossa compreensão. Nosso filtro pode começar a captar com mais exatidão o que verdadeiramente existe em vez de apenas um fiapo estreito interpretado por nossos preconceitos.

Seja qual for o tipo de arte que você faz, escutar abre possibilidades. Permite que você veja um mundo maior. Muitas de nossas crenças foram assimiladas antes que pudéssemos escolher o que nos ensinavam. Algumas delas podem remontar a antigas gerações e não se aplicar mais. Outras nunca deveriam ter sido adotadas.

Assim, escutar não é apenas tomar consciência. É libertar-se das limitações já aceitas.

Paciência

⊙

Não há atalhos.

O ganhador da loteria não fica plenamente feliz depois da súbita mudança na quantidade de dinheiro em sua conta. A casa construída às pressas raramente sobrevive à primeira tempestade. O resumo do livro ou da notícia em uma só frase não substitui a história completa.

Muitas vezes, pegamos atalhos sem saber. Quando escutamos, tendemos a pular à frente e generalizar a mensagem geral do falante. Perdemos as sutilezas da questão, para não dizer a premissa inteira. Além do pressuposto de que estamos poupando tempo, o atalho evita o desconforto de questionar nossas histórias predominantes. E nossa visão de mundo continua a encolher.

O artista trabalha ativamente para sentir a vida devagar e, depois, vivenciar a mesma coisa outra vez. Ler devagar, ler e ler de novo.

Posso ler um parágrafo que inspira um pensamento e, enquanto meus olhos continuam a se mover pela página, minha mente pode ainda estar perdida na ideia anterior. Não assimilo mais as informações. Quando percebo, volto ao último parágrafo que consigo recordar e começo a ler de novo a partir daí. Às vezes, são três ou quatro páginas para trás.

Reler um parágrafo ou uma página pode ser revelador. Novos significados, uma compreensão mais profunda, inspirações e nuances surgem e entram em foco.

Ler, para além de escutar, comer e fazer a maioria das atividades físicas, é uma tarefa que pode ser vivenciada da mesma forma que dirigir: é possível realizá-la no piloto automático ou ter a intenção concentrada. Assim, muitas vezes andamos pela vida como se fôssemos sonâmbulos. Pense em como seria diferente sua experiência no mundo se você se empenhasse em todas as atividades com a atenção plena que teria para pousar um avião.

Há quem encare as oportunidades de cada dia como se riscasse itens de uma lista de afazeres em vez de se envolver e participar de verdade.

A busca contínua da eficiência desestimula qualquer olhar profundo para as coisas. A pressão para cumprir tarefas não nos dá tempo de pensar em todas as possibilidades. É, no entanto, pela ação deliberada e pela repetição que conquistamos uma visão mais profunda do que devemos fazer.

⊙

A paciência é necessária para
a evolução gradual de seu ofício.

A paciência é necessária para assimilar
informações do modo mais fiel possível.

A paciência é necessária para criar uma obra que reverbere e contenha tudo o que temos a oferecer.

Toda fase da vida e do trabalho de um artista se beneficia do cultivo desse hábito viável.

A paciência é desenvolvida como a consciência. Pela aceitação do que é. A impaciência é uma discussão com a realidade. É o desejo de que algo seja diferente do que vivenciamos aqui e agora. De que o tempo acelere, de que o amanhã venha logo, de reviver o ontem ou de fechar os olhos, abri-los e se encontrar em outro lugar.

O tempo é algo sobre o qual não temos nenhum controle. Assim, a paciência começa com a aceitação dos ritmos naturais. O benefício implícito da impaciência é poupar tempo acelerando e pulando à frente desses ritmos. Paradoxalmente, isso acaba tomando mais tempo e exigindo mais energia. É um esforço desperdiçado.

Quando se trata do processo criativo, paciência é aceitar que a maior parte do trabalho que fazemos está fora de nosso controle.

Não podemos forçar a grandeza a acontecer. Só podemos convidá-la e esperar ativamente por ela. Não de forma ansiosa, porque ela pode se assustar. Apenas num estado contínuo de boas-vindas.

Se removermos o tempo do desenvolvimento de uma obra, o que nos resta é a paciência. Não somente com o desenvolvimento da obra mas com o desenvolvimento do artista como um todo. Até mesmo as obras-primas produzidas com rapidez são a soma de décadas passadas trabalhando pacientemente em outros projetos.

Se há uma regra da criatividade menos "quebrável" que outras é que a necessidade de paciência é onipresente.

A mente do iniciante

Por volta de 3 mil anos atrás, na China, foi desenvolvido o Go, um jogo estratégico de tabuleiro. Alguns acreditam que generais e senhores da guerra tomaram por base as pedras que punham nos mapas para determinar planos de batalha. Além de ser o jogo de tabuleiro mais antigo a ser jogado continuamente na história humana, é um dos mais complexos.

Nos tempos modernos, vencer esse jogo passou a ser associado ao Santo Graal na comunidade da inteligência artificial. Como o número de configurações possíveis do tabuleiro é maior que o número de átomos do Universo, acreditava-se que os computadores não teriam o poder de processamento necessário para vencer um jogador humano habilidoso.

Os cientistas aceitaram o desafio e criaram um programa de inteligência artificial chamado AlphaGo. O programa aprendeu a jogar de forma autodidata, estudando mais de 100 mil jogos anteriores. Então jogou contra si mesmo muitas e muitas vezes até estar pronto para desafiar o melhor grande mestre do jogo.

Na 37.ª jogada do segundo jogo, a máquina enfrentou uma decisão que determinaria como se desenrolaria o restante da partida. Havia duas opções visíveis. A opção A era o tipo de jogada que indicaria que o computador jogava na ofensiva. A opção B indicaria que jogava na defensiva.

Em vez disso o computador decidiu fazer uma terceira jogada, que nenhum adepto do jogo jamais fizera em mil anos. "Nenhum jogador humano escolheria a jogada 37", disse um comentarista. A maioria achou que era um erro ou simplesmente uma jogada ruim.

O grande mestre que jogava com a máquina ficou tão desconcertado que se levantou e saiu da sala. Em certo momento ele retornou, não com a serenidade confiante de sempre mas visivelmente abalado e frustrado com a experiência. No fim, AlphaGo venceu a partida. E aquela jogada nunca vista, dizem os especialistas, virou o jogo a favor da IA.

O computador venceu quatro dos cinco jogos, e o grande mestre se aposentou permanentemente dos tabuleiros.

⊙

Quando ouvi essa história pela primeira vez, caí em prantos, confuso com a súbita onda de emoção. Depois de refletir melhor, percebi que a história falava do poder da pureza do ato criativo.

O que permitiu a uma máquina inventar uma jogada que ninguém que praticava o jogo jamais fizera em mil anos?

Não foi necessariamente a inteligência. Foi o fato de a máquina aprender o jogo do nada, sem técnico, sem intervenção humana, sem lições com base na experiência de um especialista. A IA seguiu as regras fixadas, não os milênios de normas culturais aceitas e anexadas a elas. Não levou em conta as tradições e as convenções de 3 mil anos do Go. Não aceitou a narrativa sobre o jeito certo de jogar. Não ficou presa a crenças limitantes.

Assim, esse não foi apenas um marco no desenvolvimento da IA. Foi a primeira vez que o Go foi jogado com todo o espectro de possibilidades disponíveis. Com a tábula rasa, o AlphaGo conseguiu inovar, imaginar algo completamente novo e transformar o jogo para sempre. Se tivesse aprendido a jogar com seres humanos, talvez não vencesse o torneio.

Um especialista em Go comentou: "Depois que a humanidade passou milhares de anos aprimorando a tática, os computadores nos dizem que os seres humanos estão completamente errados [...] Eu chegaria ao ponto de dizer que nenhum ser humano tocou a borda da verdade do Go."

Para ver o que nenhum ser humano já viu, para saber o que nenhum ser humano conheceu, para criar o que nenhum ser humano criou, pode ser necessário ver com olhos que nunca enxergaram, saber com uma mente que nunca pensou, criar com mãos que nunca foram treinadas.

Essa é a mente do iniciante, um dos estados mais difíceis para o artista porque envolve abandonar o que a experiência nos ensinou.

A mente do iniciante parte de um lugar puro e infantil de não saber. Vive o momento com o mínimo possível de crenças fixas. Vê as coisas como são apresentadas. Entra em sintonia com o que dá vida no momento, não com o que pensamos que vai dar certo. E toma decisões dessa maneira. Quaisquer ideias preconcebidas e convenções aceitas limitam o que é possível.

Tendemos a acreditar que quanto mais sabemos, com mais clareza vemos as possibilidades disponíveis. Não é assim. O impossível só se torna acessível quando a experiência não nos ensinou limites. O computador venceu porque sabia mais que o grande mestre ou porque sabia menos?

Há um grande poder em não saber. Quando estamos diante de uma tarefa desafiadora, dizemos que é difícil demais, que não vale o esforço, que não é assim que as coisas são feitas, que provavelmente não vai dar certo ou que é provável que não dê certo *conosco*.

Quando abordamos a tarefa com ignorância, ela pode remover a barricada de conhecimento que bloqueia o progresso. Curiosamente, não ter consciência do desafio pode ser aquilo de que precisamos para nos colocar à altura dele.

⊙

Inocência gera inovação. A falta de conhecimento pode criar mais abertura para encontrar um terreno novo. Os Ramones achavam que estavam fazendo música chiclete convencional. Para a maioria, só as letras – sobre lobotomias, cheirar cola e idiotas – bastariam para questionar essa suposição.

Embora a banda se visse como os próximos Bay City Rollers, inventou sem querer o *punk rock* e começou uma revolução da contracultura. Embora a música dos Bay City Rollers fizesse muito sucesso na época, a visão singular dos Ramones sobre o *rock and roll* tornou-se mais popular e influente. De todas as explicações dos Ramones, a mais adequada seria: inovação pela ignorância.

⊙

A experiência promove sabedoria a ser aproveitada, mas modera o poder da ingenuidade. O passado pode ser professor e oferecer métodos testados e comprovados, familiaridade com os padrões do ofício, consciência de possíveis riscos e, em alguns casos, virtuosismo. Ele nos atrai para um padrão que nos nega a oportunidade de nos envolvermos inocentemente na tarefa a cumprir.

Quanto mais entranhada a abordagem adotada, mais difícil será ver além dela. Embora não elimine a inovação, a experiência pode tornar mais difícil acessá-la.

Os animais, como as crianças, não têm dificuldade em tomar decisões. Agem por instinto inato, não por comportamento aprendido. Essa força primitiva traz uma antiga sabedoria que a ciência ainda não alcançou.

Esses superpoderes infantis incluem estar presente no momento, valorizar a brincadeira acima de tudo, não se importar com as consequências, ser radicalmente franco sem fazer considerações e ter a capacidade de se mover com liberdade de uma emoção a outra sem se agarrar à história. Para as crianças, cada momento é tudo o que existe. Sem futuro, sem passado. *Quero agora, estou com fome, estou cansado.* Tudo é pura autenticidade.

Os grandes artistas da história são os que conseguem manter naturalmente esse entusiasmo e essa exuberância infantis. Assim como o bebê é egoísta, eles protegem sua arte de uma maneira nem sempre cooperativa. Sua necessidade como criadores vem primeiro, muitas vezes à custa da vida pessoal e dos relacionamentos.

No caso de um dos cantores e compositores mais amados de todos os tempos, assim que a inspiração surge, ela tem precedência sobre todas as outras obrigações. Seus amigos e familiares entendem que, no meio de uma refeição, conversa ou evento, se a canção chama, ele sairá de cena para cuidar dela, sem explicações.

Acessar o espírito infantil em nossa arte e em nossa vida é algo a que aspirar. É simples se você não acumulou um excesso de hábitos e pensamentos fixos. Se acumulou, é dificílimo. Quase impossível.

A criança não tem um conjunto de premissas a que recorrer para entender o mundo. Pode ser bom para você fazer o mesmo.

Qualquer rótulo que assumir antes de se sentar para criar, mesmo rótulos básicos como escultor, *rapper*, escritor ou empreendedor, pode lhe fazer mais mal do que bem. Arranque os rótulos. Agora, como você vê o mundo?

Tente experimentar tudo como se fosse a primeira vez. Se cresceu numa cidade interiorana de onde nunca saiu, a primeira vez que viajou e viu o mar provavelmente foi uma experiência dramática e assombrosa. Se passou a vida toda morando perto do mar, sua experiência, quase com certeza, será menos dramática.

Quando vê o que se apresenta ao redor como se fosse pela primeira vez, você começa a perceber como tudo é espantoso.

Como artistas, ambicionamos viver de modo que possamos ver o extraordinário oculto no aparentemente mundano. Depois, nos desafiamos a dividir o que vemos para que outros possam vislumbrar essa beleza extraordinária.

O talento é a capacidade de deixar as ideias se manifestarem através de você.

Inspiração

Aparece num momento.

Uma concepção imaculada.

Um relâmpago divino de luz. Quando uma ideia que exigiria trabalho para se desdobrar floresce de repente em um único fôlego.

O que define a inspiração é a qualidade e a quantidade do que surge sem aviso. Com velocidade tão instantânea, parece ser impossível processar. A inspiração é o combustível do foguete que alimenta a obra. É a conversa universal de que desejamos participar.

A palavra vem do latim *inspirare*, que significa trazer o ar ou soprar para dentro.

Para puxar o ar, o pulmão primeiro se esvazia. Para puxar inspiração, a mente precisa de espaço para receber o novo. O Universo busca equilíbrio. Com a ausência, você está convidando a energia a entrar.

O mesmo princípio se aplica a tudo na vida. Se procurarmos um relacionamento quando já estivermos em outro, é como se estivéssemos com "lotação máxima". Não há espaço para o novo entrar. E somos incapazes de acolher o relacionamento que tanto queremos.

Para criar espaço para a inspiração, há práticas para aquietar a mente: meditação, atenção plena, silêncio, contemplação, oração, qualquer ritual que nos ajude a repelir a distração e *papancha*, a proliferação conceitual.

A respiração em si é um veículo potente para acalmar os pensamentos, criar espaço e entrar em sintonia com a energia do Universo. A respiração não garante que a inspiração virá, embora o vazio possa atrair a musa para brincar.

Em termos mais espirituais, inspiração significa *soprar vida em*. Uma antiga interpretação a define como a influência imediata do divino. Para o artista, a inspiração é um sopro de força criativa trazido instantaneamente de fora de nosso pequeno eu. Não podemos ter certeza de onde se origina essa centelha. É útil saber que não é só em nós.

Quando chega, a inspiração é invariavelmente energizante. Mas não é algo em que se possa confiar. A vida artística não pode ser construída somente em torno da espera. A inspiração está fora de nosso controle e pode ser difícil achá-la. É preciso esforço, e os convites têm de ser ampliados. Em sua ausência, podemos trabalhar em outras áreas do projeto independentes dessa transmissão cósmica.

As epifanias se escondem nos momentos mais corriqueiros: uma sombra que se manifesta, o cheiro do fósforo que se acende, uma frase incomum entreouvida ou mal-ouvida. A dedicação à prática de estar presente regularmente é o principal requisito.

Para variar a inspiração, pense em variar a entrada de dados. Desligue o som para assistir a um filme, escute a mesma canção sem parar, leia apenas a primeira palavra de cada frase de um conto, arrume pedras por tamanho ou por cor, aprenda a ter sonhos lúcidos.

Rompa hábitos.

Procure diferenças.

Observe conexões.

Um indicador de inspiração é o fascínio. Tendemos a não dar a muitas coisas o devido valor. Mas como passar da desconexão e da dessensibilização às incríveis maravilhas da natureza e da engenharia humana que nos cercam?

A maior parte do que vemos no mundo tem potencial de inspirar encantamento quando olhamos de uma perspectiva menos esmaecida. Treine-se para ver o assombro por trás do óbvio. Olhe o mundo desse ponto privilegiado com a máxima frequência possível. Mergulhe.

A beleza que nos cerca enriquece a vida de várias maneiras. É um fim em si mesma. Estabelece um padrão a ser buscado no trabalho. Podemos aspirar a desenvolver sensibilidade à harmonia e ao equilíbrio, como se nossas criações sempre estivessem aqui, como montanhas ou plumas.

⊙

Quando estiver fluindo, continue. Surfe a onda enquanto for possível. Se tiver a sorte de sentir a chegada da inspiração, aproveite ao máximo esse acesso. Permaneça na energia desse momento rarefeito enquanto durar.

Se for escritor e acessar uma torrente de ideias antes de se deitar, talvez queira ficar acordado até o amanhecer. Se for músico e atingir sua meta de criar uma ou dez canções, e a música continuar vindo, capture tudo o que puder.

A obra gerada pode não ser usada no projeto atual, mas pode

ser útil em outra ocasião. Ou não. A tarefa do artista é simplesmente reconhecer a transmissão e permanecer com ela até que termine de seguir seu curso.

Em termos de prioridade, a inspiração vem primeiro. Você vem depois. O público vem por último.

Esses momentos são especiais e devem ser tratados com a máxima devoção. Nosso cronograma é posto de lado quando surgem esses instantes fugazes de iluminação. Reúna suas forças e comprometa-se com essa oferta, ainda que venha em horas inoportunas. Essa é a obrigação do artista.

Certa vez, John Lennon aconselhou: se começar uma música, escreva-a até o fim. A inspiração inicial tem uma vitalidade que pode nos conduzir pela peça toda. Não se preocupe se algumas partes ainda não forem como podem ser. Faça um esboço grosseiro. Em geral, uma versão completa e imperfeita é mais útil que um fragmento aparentemente perfeito.

Quando uma ideia se forma ou um gancho é escrito, podemos sentir que deciframos o código e que o restante virá por si só. Se nos afastarmos e deixarmos a centelha inicial se perder, descobriremos ao retornar que não é tão fácil assim reacendê-la. Pense na inspiração como uma força que não é imune às leis da entropia.

Hábitos

A primeira coisa que eu mostrava aos jogadores no primeiro dia de treino era como dedicar um pouco mais de tempo a calçar adequadamente as meias e os tênis.

A parte mais importante do equipamento são justamente as meias e os tênis. Jogamos num piso duro. Portanto, é preciso que os tênis caibam direito. E não devemos permitir que as meias fiquem enrugadas em volta do mindinho, onde geralmente surgem as bolhas, nem do calcanhar.

Eu mostrava aos jogadores como queria que fizessem. Puxem a meia para cima e arrumem em torno da área do mindinho e do calcanhar, para que não haja pregas.

Alisem tudo muito bem. Então segurem a meia enquanto calçam o tênis. E abram bem o tênis, não o puxem somente pelos cadarços.

É preciso apertar direito cada ilhós. Depois deem o laço. Então amarrem o laço, para que não se desfaça – porque ninguém quer que os tênis desamarrem durante o treino ou o jogo. Não quero que isso aconteça.

É só um pequeno detalhe que os técnicos deveriam aproveitar, porque são os pequenos detalhes que fazem as grandes coisas acontecerem.

As palavras acima são de John Wooden, o técnico mais bem-sucedido da história do basquete universitário americano. Seus times venceram mais campeonatos e jogos consecutivos que todos os adversários.

Deve ter sido frustrante para os atletas de elite, que queriam ir para a quadra e mostrar o que sabiam fazer, chegar ao treino pela primeira vez com esse técnico lendário e ouvi-lo dizer: hoje aprenderemos a calçar os tênis.

O ponto que Wooden queria afirmar era que criar hábitos eficazes até os mínimos detalhes é o que faz diferença entre ganhar e perder jogos. Cada hábito parece pequeno, mas somados têm um efeito exponencial no desempenho. Em todas as áreas, um único hábito pode ser suficiente para dar vantagem ao adversário.

Wooden considerava cada aspecto do jogo em que pudesse surgir um problema e treinava os jogadores em cada um deles. Várias vezes. Até se tornarem hábitos.

A meta era o desempenho impecável. Wooden costumava dizer que a única pessoa contra quem competimos somos nós mesmos. O restante está fora de nosso controle.

Esse modo de pensar se aplica também à vida criativa. Os detalhes são importantes tanto para o artista quanto para o atleta, quer o jogador reconheça sua importância ou não.

Bons hábitos criam boa arte. O modo como fazemos qualquer

coisa é o modo como fazemos tudo. Trate toda escolha, toda ação, toda palavra com cuidado habilidoso. A meta é viver a vida a serviço da arte.

⊙

Pense em criar um arcabouço consistente em torno de seu processo criativo. Quanto mais bem preparado estiver em seu esquema pessoal, mais liberdade você terá dentro dessa estrutura para se exprimir.

Disciplina e liberdade parecem opostas. São parceiras. Disciplina não é falta de liberdade, é uma relação harmoniosa com o tempo. O bom controle de horários e hábitos cotidianos é um componente necessário para dar vazão à capacidade prática e criativa e fazer arte grandiosa.

Pode-se até dizer que a eficiência concentrada é mais importante na vida do que no trabalho. Abordar os aspectos práticos do dia a dia com precisão militar permite que as janelas artísticas se abram com uma liberdade infantil.

Os hábitos que sustentam a criatividade podem começar no momento em que você se levanta todos os dias. Pode ser olhar a luz do sol antes da luz da tela do celular ou do computador, meditar (ao ar livre, se possível), exercitar-se e tomar banho de água fria antes de começar o tempo criativo num espaço adequado.

Esses hábitos são diferentes para cada um e, talvez, para o mesmo artista de um dia para outro. Você pode se sentar no parque, prestar atenção nos seus pensamentos e fazer anotações. Ou dirigir o carro por uma hora, sem nenhum destino em mente, escutando música clássica para ver se surge alguma centelha.

Vale a pena estabelecer um horário de trabalho ou períodos ininterruptos de brincadeira divertida que permitam voos da imaginação. Para um, essa janela de tempo pode ser de três horas;

para outro, de trinta minutos. Alguns preferem trabalhar do crepúsculo à aurora; outros criam em sessões de vinte minutos, com pausas de cinco minutos entre elas.

Encontre os rituais sustentáveis que deem mais apoio a seu trabalho. Se estabelecer uma rotina opressora, é provável que você encontre desculpas para não trabalhar. É do interesse de sua arte começar com um cronograma fácil de seguir.

Caso se dedique ao trabalho meia hora por dia, pode acontecer algo bom que gere fluxo e entusiasmo. Então você olha o relógio e percebe que está trabalhando há duas horas. Há sempre a opção de ampliar o tempo criativo depois de formado o hábito.

Sinta-se livre para fazer experiências. A meta é se comprometer com uma estrutura que assuma vida própria, e não criar só quando tiver vontade ou começar cada dia perguntando como e quando você vai trabalhar em sua arte.

Ponha a decisão no trabalho, não em *quando* vai trabalhar. Quanto mais você reduzir as tarefas diárias de manutenção da vida, maior será a faixa disponível para decisões criativas. Albert Einstein usava a mesma roupa todos os dias: um terno cinza. Erik Satie tinha sete roupas idênticas, uma para cada dia da semana. Limite suas escolhas práticas para liberar a imaginação criativa.

⊙

Todos desejamos criar novos hábitos saudáveis e produtivos, como fazer exercícios, comer alimentos naturais ou praticar arte com mais regularidade.

Mas com que frequência pensamos em examinar e remover os hábitos que conduzem nossos dias atualmente? Com que frequência consideramos meros hábitos os comportamentos aceitos como *o modo como as pessoas são* ou *o modo como somos*?

Todos nós temos hábitos automáticos. Hábitos de movimento. Hábitos de fala, pensamento e percepção. Hábitos de sermos nós mesmos. Alguns são praticados todos os dias desde que éramos crianças. Um caminho é cavado no cérebro, e é difícil mudá-lo. A maior parte desses hábitos nos controla, para além de nossas decisões, a ponto de funcionarem de forma autônoma e automática, como a regulação da temperatura do corpo.

Aprendi recentemente um modo diferente de nadar. Parecia esquisito e contraintuitivo, porque aprendi a nadar quando era muito jovem. Meu método anterior estava tão entranhado que eu nem precisava pensar nele. Sem esforço, sabia usá-lo. Funcionou bastante bem para me levar de um lado a outro da piscina, embora houvesse outros métodos que me levariam mais longe e mais depressa, com mais facilidade.

Em nossas realizações artísticas, recorremos também a hábitos para ir de um ponto a outro. Alguns não servem à obra ou minam o progresso. Quando mantemos a mente aberta e prestamos atenção, podemos reconhecer esses hábitos menos úteis e quebrar o feitiço. E começar a explorar novas práticas. Como aquelas que vêm e vão de nossa vida criativa a exemplo de colaboradores temporários, que permanecem enquanto servem ao trabalho e partem quando não são mais benéficos.

Pensamentos e hábitos não propícios ao trabalho:

- Acreditar que você não é bom o bastante.
- Sentir que não tem a energia necessária.
- Confundir regras adotadas com verdades absolutas.
- Não ter vontade de trabalhar (preguiça).
- Encarar o trabalho como algo imutável, que não exige empenho para produzir mudanças (acomodação).
- Ter metas tão ambiciosas que você não consegue nem mesmo começar.
- Pensar que só é possível fazer seu melhor trabalho em determinadas condições.
- Exigir ferramentas ou equipamentos específicos para fazer o trabalho.
- Abandonar um projeto no momento em que se torna difícil.
- Sentir que precisa de permissão para começar ou avançar.
- Deixar que a necessidade de recursos, equipamento ou apoio atrapalhe.
- Ter ideias demais e não saber por onde começar.
- Nunca terminar os projetos.
- Culpar os outros ou as circunstâncias por interferir em seu processo.
- Romantizar os vícios e os comportamentos negativos.
- Acreditar que certo estado de espírito é necessário para fazer seu melhor trabalho.
- Priorizar outras atividades e responsabilidades em vez de ter o compromisso de fazer arte.
- Ter facilidade para se distrair e procrastinar.
- Ser impaciente.
- Pensar que tudo que está fora de seu controle atrapalha.

Crie um ambiente
em que você fique livre para exprimir
o que tem medo de expressar.

Sementes

⊙

Na primeira fase do processo criativo, que chamamos de Semente, devemos coletar tudo que acharmos interessante. Buscamos possíveis pontos de partida que, com amor e carinho, cresçam como algo belo. Não escolhemos as sementes que darão mais frutos. Simplesmente as juntamos.

A semente de uma canção pode ser uma expressão, uma melodia, uma frase do contrabaixo, uma sensação rítmica.

Para um texto escrito, pode ser uma frase, um esboço de personagem, um cenário, uma tese ou um ponto da trama.

Para uma estrutura, um formato, uma escolha de material, uma função ou as propriedades naturais de um local.

Para uma empresa, uma inconveniência comum, uma necessidade social, um avanço técnico ou um interesse pessoal.

Em geral, coletar sementes não envolve um tremendo esforço. É mais a recepção de uma transmissão. Um notar.

Como na pesca, paramos à beira da água, colocamos a isca no anzol, lançamos a linha e esperamos com paciência. Não podemos controlar os peixes, só a presença da linha.

O artista lança uma linha no Universo. Não escolhemos quando a observação ou a inspiração vêm. Só podemos estar lá para recebê-la. Como na meditação, é nosso envolvimento no processo que permite o resultado.

Coletar sementes é mais produtivo com percepção ativa e curiosidade sem limites. Não pode ser forçado, mas talvez possa ser desejado.

⊙

Assim que as sementes brotam, não é uma boa saída tirar conclusões sobre seu destino ou valor porque isso pode atrapalhar seu potencial natural. Nessa fase, o trabalho do artista é coletar sementes, plantá-las, regá-las com atenção e ver se lançam raízes.

Ter uma visão específica do que a semente vai se tornar serve de guia útil em fases posteriores. Nesse estágio inicial, pode eliminar possibilidades mais interessantes.

Às vezes uma ideia que pareça ter menos vitalidade pode crescer como uma bela obra. Outras vezes, a semente mais emocionante acaba não gerando frutos. É muito cedo para saber. Até avançarmos mais no processo e a ideia ter se desenvolvido, é impossível avaliar com exatidão esses germes de ideias. A semente apropriada se revelará com o tempo.

Pôr ênfase excessiva numa semente ou desdenhá-la prematuramente interfere em seu crescimento natural. E a tentação de se colocar demais nessa primeira fase pode prejudicar todo o empreendimento. Tome cuidado com os atalhos e não risque itens de sua lista cedo demais.

A semente que não é regada pode não revelar sua capacidade de gerar frutos. Colete muitas sementes e então, com o tempo, olhe para trás e veja qual reverbera. Às vezes, estamos perto demais delas para reconhecer seu verdadeiro potencial; outras vezes, o momento mágico que inspirou a vida da semente é maior que ela.

Em geral, é preferível acumular várias semanas ou meses de ideias e então escolher em qual delas se concentrar em vez de seguir um impulso ou uma obrigação de correr para a linha de chegada para alcançar o que já está diante de nós hoje.

Quanto mais sementes se acumulam, mais fácil se torna avaliá-las. Se coletou cem sementes, você pode descobrir que a número 54 fala com você como nenhuma outra. Se a 54 fosse sua única opção, sem outras sementes para dar contexto, seria mais difícil dizer.

Se fizermos suposições sobre as sementes que não darão certo ou não se encaixam no que acreditamos ser nossa identidade artística, podemos ser impedidos de crescer como criadores. Às vezes, o propósito da semente é nos impelir numa direção completamente nova. Pelo caminho, ela pode se metamorfosear em algo que nem lembra a forma original e se tornar nossa melhor obra até então.

Nesse momento, vale a pena pensar na obra como algo maior que nós. Cultivar fascínio e maravilhamento com o que é possível e reconhecer que essa produtividade não é gerada somente por nossas mãos.

O trabalho se revela ao longo do caminho.

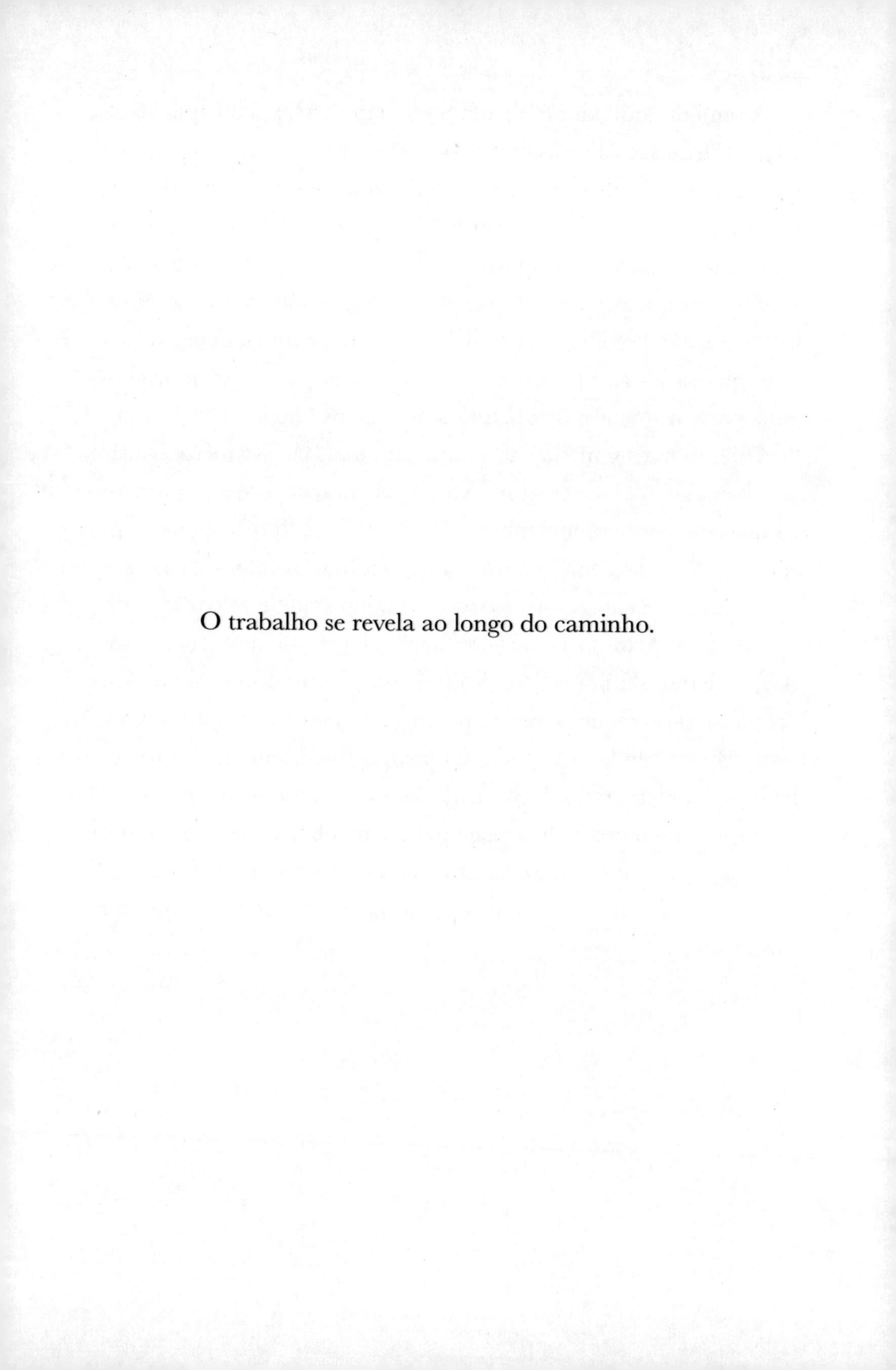

Experimentação

Coletamos um punhado de sementes que brotam de pontos de partida e potencialidades. Agora entramos no segundo estágio, a fase da Experimentação.

Alimentados pela dose inicial de empolgação por descobrir um ponto de partida, brincamos com diversas combinações e possibilidades para ver se alguma delas revela como a semente quer se desenvolver. Pense nisso como uma busca de vida. Procuramos ver se conseguimos fazer com que as sementes lancem raízes e um ramo venha a brotar.

Não há jeito certo de experimentar. Em termos gerais, queremos começar a interagir com as sementes e desenvolver nosso ponto de partida em diversas direções. Cultivamos todas as sementes, assim como o jardineiro cria condições para promover o seu crescimento.

Essa é uma das partes divertidas do projeto, porque não há

nada em jogo. Você brinca com formas e vê o que aparece. Não há regras. O cultivo será diferente para cada artista e cada semente.

Se a semente for a personagem de um romance, talvez ampliemos o mundo onde vive, desenvolvamos uma história pregressa ou nos tornemos a personagem e comecemos a escrever de seu ponto de vista.

Se a semente for o roteiro de um filme, é possível explorar vários cenários. Podem ser países, comunidades, épocas ou realidades diferentes. As peças de Shakespeare, por exemplo, foram adaptadas em filmes com foco em gangues de rua de Nova York, samurais, Santa Mônica.

Há incontáveis direções para explorar, e antes de testá-las nunca sabemos qual nos guiará para um beco sem saída e qual levará a novos reinos. No caso de uma canção, às vezes o vocalista pode reagir bem depressa a uma trilha musical e a melodia se revelar imediatamente. Outras vezes, embora o cantor ache a trilha atraente, vai escutá-la mil vezes e nada sairá dali.

Nessa fase, não procuramos a versão que avança mais depressa ou vai mais longe, mas a mais promissora. Vamos nos concentrar na florada e aguardar o momento da poda. Geramos possibilidades em vez de eliminá-las. Cortar prematuramente pode fechar caminhos que levariam a lindas paisagens ainda não vistas.

⊙

Na fase de Experimentação, tropeçamos nas conclusões. Elas nos surpreendem ou desafiam com mais frequência do que cumprem as expectativas.

Os antigos alquimistas chineses que buscavam a imortalidade misturaram salitre, enxofre e carvão. Descobriram outra coisa: a pólvora. Inúmeras invenções – penicilina, plástico, marca-passo, papel adesivo para bilhete – foram descobertas por acaso. Considere quantas inovações capazes de mudar o mundo se perderam porque alguém estava tão concentrado em seu objetivo que não viu a revelação bem à sua frente.

O coração do experimento é o mistério. Não podemos prever aonde a semente vai levar nem se lançará raízes. Permaneça aberto ao novo e ao desconhecido. Comece com um ponto de interrogação e embarque numa jornada de descoberta.

Aproveite ao máximo a energia inerente à própria semente e faça o que for possível para que ela não se desequilibre. Talvez você se sinta tentado a intervir e desviar seu desenvolvimento rumo a uma meta específica ou ideia preconcebida. Talvez isso não leve à possibilidade mais produtiva nesse estágio do processo.

Permita que a semente siga seu próprio caminho rumo ao sol. A hora do discernimento virá depois. Por enquanto, dê espaço para a magia florescer.

⊙

Nem toda semente vem a crescer. Mas cada uma pode ter seu momento certo. Se a semente não reage nem se desenvolve, pense em guardá-la em vez de descartá-la.

Na natureza, algumas sementes adormecem para esperar a estação mais favorável ao crescimento. Isso também acontece na arte. Há ideias cuja hora ainda não chegou. Ou talvez seu tempo tenha chegado, mas você ainda não está pronto para se engajar nelas. Às vezes, desenvolver uma semente diferente pode lançar luz sobre a que está adormecida.

Algumas sementes estão prontas para germinar instantaneamente. Você pode começar a experimentar, terminar a obra e ficar contente com o resultado. Ou pode chegar à metade do projeto e não saber para onde ele pretende ir.

Quando perdemos o entusiasmo, é comum continuarmos a trabalhar na semente, acreditando que a obra tem de melhorar porque investimos muito tempo nela. Se a energia continua a cair, isso não significa necessariamente que a semente seja ruim. Talvez não tenhamos encontrado o experimento certo para ela. Talvez precisemos recuar por algum tempo e mudar o ponto de vista. Podemos recomeçar ou deixar a obra de lado por enquanto e examinar outras ideias.

O resultado não cabe a nós. Dê um pouco de atenção a cada semente, não importa qual potencial acredite que ela tem, e procure uma reação positiva.

Se tiver só uma semente – uma visão muito específica que você quer executar –, tudo bem. Não há nada a fazer. No entanto, pense na hipótese de isso ser uma limitação, porque você não está aproveitando tudo o que tem a oferecer. Estar aberto a possibilidades leva você a um lugar aonde talvez queira ir, mas ainda não saiba.

O trabalho do artesão é justamente saber o que quer fazer e se colocar em ação. O trabalho do artista é começar com uma pergunta e usá-la para se guiar na aventura da descoberta. As surpresas pelo caminho podem expandir a obra e até a própria forma de arte.

⊙

Quando uma planta floresce, podemos ver a vida brotar de cada ramo, folha e flor. Mas como saber quando uma ideia floresce?

Em geral, os sinais mais exatos são emocionais, não intelectuais. A empolgação tende a ser o melhor barômetro para escolher em que semente se concentrar. Quando algo interessante começa a se formar, isso gera prazer. É uma sensação energizante de querer mais. Uma sensação de entrega. Siga essa energia.

Na fase de Experimentação, o foco está na resposta natural de encantamento do corpo. Há uma hora para o trabalho cerebral de análise, mas não agora. Aqui, seguimos o coração. Em algum momento, podemos olhar para trás e entender por que o sentimento surgiu. Às vezes não, e está tudo certo. Por enquanto, não se preocupe com isso.

⊙

Se o peso de duas ideias for parecido, uma com potencial claro de se transformar em algo robusto, outra com menos potencial, mas que parece mais interessante, sinta-se livre para seguir sua intuição. Baseie sua decisão em sua comoção interior e note o que prende seu interesse. É esse movimento que prestará sempre o melhor serviço à obra.

O fracasso
é a informação de que você precisa
para chegar aonde pretende ir.

Tente todas as possibilidades

Misturar azul e amarelo faz o verde. Somar dois mais dois dá quatro.

Quando combinamos elementos básicos no curso comum da vida, muita coisa é previsível.

Na criação da arte, a soma total das partes muitas vezes desafia as expectativas. Teoria e prática nem sempre se alinham. A fórmula que deu certo ontem pode não dar certo amanhã. Às vezes, as soluções comprovadas são as menos úteis.

Há uma lacuna entre a imaginação e a realidade. Uma ideia parece brilhante na mente. Mas, empregada, pode não dar certo. Outra parece aborrecida a princípio. Então, na execução, mostra ser exatamente aquilo que é necessário.

Descartar uma ideia porque não dá certo na mente é um desserviço à arte. A única maneira de saber se qualquer ideia pode vingar é testá-la. E, se estiver procurando a melhor ideia, teste todas as possibilidades.

Formule o máximo de perguntas "E se" que puder. E se esse fosse o primeiro quadro que alguém verá na vida? E se eu removesse todos os advérbios? E se eu tornasse silenciosas todas as partes barulhentas? Procure polaridades diferentes e veja como afetam a peça.

Talvez você adote a regra temporária de que não há más ideias. Teste todas elas, até as que parecem decepcionantes ou com pouca probabilidade de dar certo.

Esse método se torna ainda mais útil nas iniciativas em grupo. Muitas vezes, ao trabalhar com outras pessoas, diversas ideias são apresentadas e terminam competindo umas com as outras. Com base na experiência, podemos acreditar que conseguimos ver o que cada um imagina e qual seria o resultado.

Mas é impossível saber exatamente o que alguém está pensando. E, se não conseguirmos prever como nossas ideias vão funcionar – e não conseguimos –, como tirar conclusões sobre o que está na cabeça dos outros?

Em vez de falar das diversas soluções para descobrir qual é a melhor, saia do terreno verbal. Para ponderar as opções, é necessário trazê-las para o mundo físico. Represente-as, execute-as, faça modelos. As descrições não fazem jus às ideias.

Queremos criar um ambiente em que a tomada de decisão ocorra sem que haja a força mal-orientada da persuasão. A convicção leva à mediocridade. Para serem avaliadas, as ideias têm de ser vistas, ouvidas, provadas ou tocadas.

É melhor, então, que o criador da ideia faça uma demonstração do que tem em mente ou supervisione a execução até que ela corresponda ao que está sendo sugerido. Isso ajudará a evitar mal-entendidos.

Quando testemunhada em sua plena expressão, a ideia pode se tornar muito melhor do que você imaginou. Pode até ser um encaixe perfeito. Ou pode ser exatamente o que você esperava. Algo será conquistado com esse processo, qualquer que seja o resultado. Permita-se errar e experimente a alegria de se surpreender.

Quando você trabalha com formas de resolver um quebra-cabeça, não há erro. Toda solução malsucedida o deixa mais perto daquela que dá certo. Evite se apegar às minúcias do problema. Alargue seu campo de visão. Se a ideia levar o projeto para um lugar com forte carga energética, siga a nova direção. Exigir o controle de uma obra de arte é tão tolo quanto exigir que um carvalho cresça do jeito que você quer.

Permita que a obra cresça na direção que busca, evolua de acordo com seu estado natural e tenha vida própria. Aprecie a jornada de passar por todas as transformações e revelar a verdadeira forma da obra.

Fazer uma curva errada
lhe permite ver paisagens
que você nunca veria.

Construção

(•)

Quando se decifra o código da semente e sua verdadeira forma é solucionada, o processo muda. Não estamos mais no modo da descoberta sem limites. Um senso claro de direção surge.

Ainda que seja desconhecida para nós, essa é a fase em que nos encontramos no momento. Isso quer dizer que agora vem o trabalho de construção.

Trabalhamos a partir de uma base que se revelou em nossa experimentação. As linhas foram traçadas. A partir de então, vamos preenchê-las com cores.

Enquanto as fases anteriores eram mais livres e estavam em aberto, agora as inspirações e as ideias estão diretamente ligadas a questões que surgem. Comparativamente, estamos à procura de uma forma que se encaixe num buraco específico, enquanto antes só procurávamos formas.

De certo modo, a fase da Construção é uma das menos glamorosas no que tange ao ofício do artista. Há criatividade envolvida, mas em geral com menos magia da exploração e mais mão de obra no assentamento de tijolos.

É nesse ponto da jornada que alguns têm dificuldade em continuar. Por enquanto, precisamos desviar os olhos do campo aberto e nos voltar para uma escada em espiral com centenas de andares. Uma longa e precária escalada nos espera.

Podemos ficar tentados a dar as costas e perseguir a emoção de sentir a lâmpada se acender acima da cabeça. Mas as duas primeiras fases têm pouco propósito ou significado em si. A arte só pode existir, e o artista só pode evoluir, com a conclusão da obra.

⊙

Como decidir qual experimento elaborar?

Continuamos a seguir as dicas da empolgação. Cada um de nós tem de achar o próprio caminho. Se várias direções parecerem interessantes, pense em construir mais de um experimento de cada vez. É comum que trabalhar em vários projetos traga uma noção saudável de desapego.

Quando só nos concentramos em um, é fácil ter uma visão estreita. Embora possa parecer que um projeto avança na direção certa, estamos muito misturados a ele para saber de fato.

Afastar-se e voltar com novos olhos traz ideias mais claras para os próximos passos. Passar a outros projetos envolverá músculos e padrões de pensamento diversos. Eles lançam luz sobre caminhos que não seriam vistos. E isso pode acontecer no decorrer de dias, semanas, meses ou anos.

Até numa única sessão de trabalho, deslocar-se entre vários projetos pode ser útil.

Pode ocorrer também que uma única semente tenha tanto poder que você opte por se concentrar exclusivamente nela, e essa escolha é só sua.

Na fase de Experimentação, plantamos a semente, regamos e demos à planta resultante tempo para crescer ao sol. Deixamos a natureza seguir seu curso. Agora, na terceira fase, vamos até o projeto para ver o que podemos oferecer.

Essa é uma das razões para a fronteira entre as fases de Experimentação e Construção não ser uma progressão linear. Em geral, vamos e voltamos entre as duas, porque às vezes o que acrescentamos não é tão bom quanto o que a natureza traz. Quando percebemos, paramos e voltamos àquele ponto em que a natureza parou.

A fase de Experimentação trata do que a semente tem a oferecer; agora, aplicamos um filtro. Revisamos a totalidade de nossa experiência no mundo e buscamos conexões: de que isso nos lembra? Com o que podemos compará-lo? Como se relaciona com o que notamos no decorrer da vida?

Nessa fase, começamos com um projeto que se desenvolveu naturalmente. Reconhecemos seu potencial. E vemos o que podemos acrescentar, tirar ou combinar para desenvolvê-lo mais.

Essa é uma fase não apenas de construção, mas também de desconstrução. A meta de desenvolver a obra pode ser alcançada por meio de um processo de poda com pequenos cortes. Decidimos quais detalhes e direções podem ser removidos para que mais energia e foco sejam usados para alimentar os elementos centrais.

⊙

Embora a fase de Construção possa ser difícil, nem sempre é. Há alguns artistas cujo foco está mais na formalização da ideia do que em sua execução. E, no caso de alguns projetos, é necessário terceirizar essa fase.

Muitas pinturas de Andy Warhol foram feitas por outros artistas e por máquinas, enquanto ele dava as ideias e mantinha a autoria. Alguns grupos de rock famosos da Califórnia nos anos 1960 não tocavam em seus discos. E alguns autores prolíficos só inventam personagens e enredos e contratam outros escritores para preencher a prosa.

Quando se trata de realizar você mesmo esses aspectos do processo com trabalho intensivo, não há certo e errado. Depende do projeto. Mantenha-se aberto a fazer o que for necessário para que a arte seja a melhor possível, quer isso signifique mergulhar mais nos detalhes do processo, quer signifique se afastar deles.

Em alguns projetos, o artista sente que é necessário se envolver em todas as etapas do trabalho. O ato físico da construção pode lhe dar um entendimento melhor da arte e o controle mais direto dos detalhes. Outros projetos podem ser mais bem servidos se o artista atuar como maestro ou projetista nessa fase, guiando o trabalho dos outros.

A construção pode ser assustadora. É bom pensar nela como outra oportunidade de brincar. Para alguns artistas, é a parte favorita do processo. Há uma alegria natural e uma sensação de realização em seguir um conjunto de instruções para criar algo físico e belo. O amor e o cuidado que dedicam a essa fase podem ser claramente reconhecidos na obra final.

Ritmo

Quando tratada como as fases anteriores, sem limites nem restrições de tempo, a fase da Construção pode durar mais que o necessário.

Uma vez coletados dados suficientes, com a perspectiva clara, é útil estabelecer prazos para a conclusão. As opções não são mais ilimitadas; o processo está menos em aberto. Pode não haver uma linha de chegada à vista, mas os elementos centrais estão lá.

Imagine que você tem um roteiro que se traduziu num *storyboard*. Ir do *storyboard* ao filme terminado é um processo um tanto mecânico. Há arte e inspiração envolvidas, e um milhão de escolhas a fazer, mas o caminho é cristalino. Agora, a tarefa criativa tem parâmetros mais estreitos.

Se estivermos satisfeitos com a planta-baixa, ela pode ser construída de várias maneiras. Desde que continuemos a consultá-la para ter certeza de que o projeto desenvolvido é tão bom quanto o plano original, pode haver várias versões diferentes que parecem fiéis. O poder está na estrutura subjacente.

Se o projeto for um prédio, escolheremos o material com que revesti-lo e o tipo de janela a instalar. Você pode ter preferências, mas o prédio manterá a integridade. Os detalhes são importantes, mas não é provável que destruam o empreendimento.

Na fase da Construção, os prazos são datas de conclusão sugeridas, não datas pétreas. Ainda há um elemento de surpresa e exploração em toda a execução, e é possível nos encontrarmos de volta à fase de Experimentação a qualquer momento.

Na Construção, o artista pode sucumbir à pressão externa de marcar uma data fixa de lançamento do projeto. Preparativos são feitos. As pessoas de fora são avisadas. Então, às vezes, quando trabalhamos com diligência rumo ao estágio final, uma direção totalmente nova e conveniente aparece. Mas o artista não tem tempo de buscá-la. E isso leva a um resultado comprometido.

A meta do artista não é meramente produzir, mas fazer a melhor obra de que é capaz. Um profissional corporativo pensa em termos de ganhos trimestrais e cronogramas de produção. O artista pensa em termos de excelência atemporal. Enquanto elabora, crie prazos para sua motivação, não necessariamente para serem divididos com os outros, a menos que isso ajude na responsabilização.

Quando a fase da Construção se aproxima do fim, podemos começar a pensar em termos de prazos fixos.

⊙

A fase de Construção contém um paradoxo. Para criar nossa melhor obra, somos pacientes e evitamos apressar o processo, ao mesmo tempo que trabalhamos rapidamente, sem demora.

Se ficarmos muito tempo nessa fase, algumas armadilhas podem surgir. Uma delas é a desconexão. Quando o artista cria uma obra incrível e trabalha interminavelmente além do necessário, é sinal de que, de repente, quer começar tudo de novo. Isso pode ocorrer porque o artista mudou ou, quem sabe, os tempos mudaram.

A arte é um reflexo do mundo interior e exterior do artista durante o período da criação. Ampliar o período complica a capacidade de o artista capturar um estado de ser. O resultado pode ser a perda de conexão e entusiasmo pela obra no decorrer do tempo.

Outro desafio é quando o artista se agarra firmemente ao seu primeiro esboço, a chamada "rascunhite". O perigo de conviver por longos períodos com o projeto inacabado é que, quanto mais o artista é exposto a um rascunho da obra, mais essa se torna a forma final em sua mente. O músico pode gravar rapidamente uma versão demo de uma música. Pode ouvi-la milhares de vezes e ficar imaginando todas as nuances que ela pode conter. Mas, quando chega a hora de fazer a melhor versão da música, a demo talvez esteja tão entranhada em sua cabeça que qualquer mudança pareça uma blasfêmia. Quando nos apegamos demais a uma versão prematura da obra, estamos prestando um desserviço ao potencial do projeto.

Para evitar a "rascunhite", há uma técnica simples. A menos que trabalhe ativamente para fazer algo melhor, evite escutar, ler, tocar, olhar ou mostrar a versão demo aos amigos. Trabalhe para avançar o máximo que puder na construção e, então, se afaste, sem consumir de forma repetitiva a obra inacabada. Quando não aceitamos a obra em andamento como a versão-padrão, deixamos espaço para que o crescimento, a mudança e o desenvolvimento continuem.

Tenha em mente que também é possível que um projeto incrível seja tocado muito rapidamente. O artista pode passar cinco minutos esboçando a ideia de um projeto e pensar muito pouco nela. Pode sentir a semente de algo fabuloso e, depois, passar horas ou anos tentando desenvolvê-la em uma ideia mais completa. Mas é possível que o esboço ou a demo inicial, que nasceu em cinco minutos, seja de fato a melhor versão, a expressão mais pura da semente. Podemos não perceber isso até depois de embelezá-la ou de nos afastar dela por algum tempo.

Outro impedimento que alguns enfrentam é a ideia que têm de a obra exceder a capacidade de expressá-la. Podem ouvir a linha da percussão, mas o ritmo ser mais complexo do que o que conseguem tocar. Podem imaginar a dança, mas o corpo não conseguir realizar os movimentos com graça suficiente. Parece que o próximo passo é um salto impossível.

Nesses momentos, é fácil desanimar. Confundimos a versão fantasiosa da obra que temos em mente com aquilo que a obra real pode se tornar. Pode haver ocasiões em que nossa concepção mental da peça se traduza quase diretamente no mundo físico. Às vezes, é uma versão idealizada e nada realista. Outras vezes, nossa visão da obra é uma meta a nos guiar e, no processo, descobrimos que chegamos a um destino novo e inesperado.

Ficar aquém das visões mais grandiosas pode pôr a obra exatamente onde ela quer estar. Não deixe a grandiosidade de sua imaginação atrapalhar a execução de uma versão mais prática do projeto. Podemos perceber que essa versão é melhor que a visão inicial e aparentemente impossível.

⊙

Quando entrar no clima durante a fase da Construção, procure trabalhar para criar um primeiro esboço completo. Mantenha o ritmo. Se chegar a uma seção da obra que lhe traga dificuldade, contorne-a em vez de permitir que esse bloqueio o detenha. Mesmo que seu instinto seja criar em sequência, contorne a seção onde ficou preso, complete as outras partes e depois volte a ela.

Às vezes, a solução dessas partes difíceis se revela uma vez que o contexto geral tenha surgido. É mais fácil construir uma ponte quando se tem clareza do que há de cada lado.

Outro aspecto é que, se você se sentir preso no meio de uma seção, pode parecer um grande peso saber que está somente na metade do trabalho. Se terminar o restante do esboço e voltar à parte saltada, vai parecer mais fácil atingir o objetivo, porque só haverá 5% a 10% do projeto para ser completado. Com o fim em vista, você pode se sentir mais motivado a terminar o que começou.

Quando você segura uma peça central do quebra-cabeça e fita a mesa vazia, é difícil saber onde colocá-la. Se o quebra-cabeça estiver completo exceto por essa única peça, você saberá exatamente qual é o lugar reservado a ela. Em geral, o mesmo acontece com a arte. Quanto mais da obra pudermos conhecer, mais fácil será localizar com elegância e clareza os detalhes finais.

Arte é escolher fazer algo com habilidade,
preocupando-se com os detalhes,
entregando-se por completo
à melhor obra que se pode fazer.
Está além do ego, da vaidade, de glorificar a si mesmo
e da necessidade de aprovação.

Ponto de vista

O objetivo da arte não é alcançar a perfeição, é compartilhar quem somos. E como vemos o mundo.

Os artistas nos permitem ver aquilo que somos incapazes de enxergar, mas de certo modo já sabemos. Pode ser uma visão de mundo singularmente diferente da nossa. Ou tão próxima que pareça milagrosa, como se o artista olhasse por nossos olhos. Seja como for, a percepção do artista nos lembra quem somos e quem podemos ser.

Uma razão para a arte reverberar é que os seres humanos são muito parecidos. Somos atraídos pela experiência guardada dentro da obra. Inclusive as imperfeições. Reconhecemos uma parte nossa e nos sentimos compreendidos. E conectados.

Carl Rogers disse: "O pessoal é universal." O pessoal é o que faz com que a arte tenha importância. É o nosso ponto de vista, não nossa habilidade no desenho, nosso virtuosismo musical ou nossa capacidade de contar uma história.

Considere a diferença entre a arte e a maioria dos outros ofícios. Nas artes, nosso filtro é o fator que define a obra. Na ciência ou na tecnologia, a meta é diferente. A razão para criarmos arte não é a intenção de fazer algo útil para os outros. Criamos para exprimir quem somos. Quem somos e onde estamos em nossa jornada.

Nosso ponto de vista não precisa ser coerente. E raramente é simples. Podemos ter pontos de vista diferentes, às vezes contraditórios, sobre vários assuntos. Querer estreitar tudo numa única expressão elegante é irreal e limitador.

Seja qual for nosso ponto de vista, desde que o compartilhemos sem alteração nem adulteração, teremos sucesso no propósito fundamental da arte.

Quando fazemos arte, criamos um espelho em que alguém pode ver o próprio reflexo escondido.

⊙

Ter um ponto de vista é diferente de ter razão.

A razão é uma ideia expressa de forma intencional. O ponto de vista é a perspectiva – consciente e inconsciente – pela qual a obra surge.

O que nos leva a notar uma obra de arte raramente é a razão expressa. Somos atraídos pelo modo como o filtro do artista refrata ideias, não pelas ideias em si.

Não adianta conhecer nosso ponto de vista. Ele já está lá, trabalhando nos bastidores, sempre evoluindo. Geralmente, o esforço de retratar de propósito um ponto de vista leva a uma representação falsa. Nós nos agarramos a histórias sobre nosso ponto de vista que são inexatas e limitantes.

Wayne Dyer disse que, quando se espreme uma laranja, o que sai é suco de laranja. Quando você é espremido, o que sai é o que você tem por dentro. E parte desse extrato é o ponto de vista que você nem sabia que tinha. Está incorporado à arte que você faz e às opiniões que exprime.

Muito depois do término de uma obra, podemos ver e entender nosso verdadeiro ponto de vista nela.

Não precisamos fazer questão de mostrar uma razão. Ela vai aparecer quando tiver que aparecer. A verdadeira razão já está dada no ato inocente da percepção e da criação. Saber disso é libertador. Tira parte da pressão. Podemos nos preocupar menos em entender por que dá certo, ou se outros entenderão de onde partimos. Somos livres para estar presentes e permitir que o material surja através de nós, livres para ficar fora do caminho quando ele surgir.

Boa parte da grandeza da alma é sentida em nível visceral. Sua autoexpressão permite que o público tenha a própria autoexpressão. Quando a obra fala a ele, não faz diferença se você é ouvido e compreendido.

Deixe de lado essa preocupação sobre a compreensão da obra. Esses pensamentos só causam interferência, tanto na arte quanto no público. A maioria das pessoas não está interessada em que lhe digam o que pensar ou sentir.

A grande arte é criada pela liberdade de autoexpressão e recebida com liberdade de interpretação individual.

A grande arte inicia a conversa em vez de encerrá-la. Em geral, essa conversa começa por acaso.

⊙

A maioria dos seres humanos gosta de se ajustar a algo.

Nós nos adaptamos não só à evolução do fluxo de material que passa por nós como aos limites e modelos da cultura que nos cerca.

A grande arte pode vir da mesmice e da segurança? E qual o propósito de ser artista se negamos nosso ponto de vista pessoal e exclusivo?

Aqueles que escolhem viver como artistas aceitam o filtro como uma dádiva. Rejeitá-lo seria trágico. A luz refratada que ele projeta é a nossa paisagem singular de possibilidade artística.

Como uma obra de arte pode ser um prazer que carrega culpa?

⊙

Os Beatles se inspiraram no *rock and roll* americano, em artistas como Chuck Berry e The Shirelles. Mas, quando tocavam, era diferente. Não era diferente porque eles queriam. Era diferente porque eles eram diferentes. E o mundo respondeu.

Há inúmeros exemplos de imitação que se transforma em inovação legítima. Ter uma visão romantizada de um artista, gênero ou tradição permite que você crie algo novo, porque você o enxerga de uma perspectiva diferente daquela que está mais ao alcance da mão. Os *western spaghetti* de Sergio Leone eram uma mitologia psicodélica abstrata se comparados aos westerns americanos das décadas de 1940 e 1950 que o cineasta esperava refletir.

É impossível imitar o ponto de vista de outro artista. Só podemos nadar nas mesmas águas. Portanto, sinta-se à vontade para copiar as obras que o inspiram de modo a encontrar sua própria voz. É uma tradição comprovada pelo tempo.

⊙

Na cultura, sempre há um diálogo entre o passado, o presente e o futuro, mesmo quando a influência não é clara. Como criadores e entusiastas, compartilhamos e recebemos pontos de vista de modo a promover essa troca.

Quando ouvimos algo novo, isso nos dá uma percepção de onde estivemos e aonde mais poderíamos ir. Talvez achássemos que só poderíamos nos mover para a frente. Mas, quando alguém vira à esquerda, vemos que também podemos ir pela direita. E então a curva para a direita talvez inspire outra pessoa a explorar uma direção inteiramente nova.

É um ciclo simbiótico. A cultura embasa quem você é. E quem você é embasa seu trabalho. Então seu trabalho alimenta de volta a cultura.

Essa marcha constante para o desconhecido não existiria sem o compartilhamento simultâneo de milhões de pontos de vista divergentes.

Exprimir-se no mundo e ter criatividade são a mesma coisa. Talvez não seja possível saber quem você é sem que isso se expresse de alguma forma.

Romper a mesmice

Há ocasiões, durante a fase de Construção, em que você chega a um impasse e a obra não parece estar melhorando. Antes de desistir, vale a pena buscar um modo de romper a mesmice e renovar a empolgação, como se você se envolvesse com a obra pela primeira vez.

No estúdio de gravação, às vezes sugiro aos artistas exercícios com esse objetivo em mente. Nós fazemos isso sem expectativa de resultado. A intenção é simplesmente reacender o entusiasmo e acessar novas formas de execução.

Aqui, listo vários desses exercícios. Quer você esteja ou não num impasse, talvez eles inspirem experimentos semelhantes no campo que você escolheu.

Pequenos passos

Para criar movimento num músico que estava sofrendo de bloqueio, demos a ele uma pequena tarefa: escrever apenas um verso todos os dias. Não importava se aquele verso o fizesse se sentir bem ou mal, desde que se comprometesse em escrevê-lo. Se algo mais surgisse, tudo bem, mas não seria necessário. Ao romper o que parecia insuperável verso a verso, ele conseguiu reabrir o canal criativo e, por fim, voltou a compor músicas inteiras. Isso aconteceu muito mais depressa do que o esperado.

Mude o ambiente

Quando estamos em busca de uma natureza de performance diferente, pode ser útil mudar um elemento do ambiente. Apagar a luz e tocar no escuro cria uma mudança na consciência e tende a romper a cadeia da mesmice entre as execuções. Outras mudanças que já experimentamos foram o cantor segurar o microfone em vez de ficar em pé diante dele e gravar de manhã cedo, não à noite. Para acessar um grau maior de variação, um vocalista escolheu se pendurar de cabeça para baixo enquanto cantava.

Mude o que está em jogo

Além de mudar o ambiente externo, é possível produzir mudanças no interior. Se a banda imagina que aquela será a última vez que tocará uma música, é provável que a execute de forma diferente do que se fosse apenas mais um *take*. Apostar em algo simples, como um ensaio antes da gravação, pode melhorar o desempenho.

Convide a plateia

Quando o artista gosta de estar diante do público, podemos levar várias pessoas para assistir à gravação. Ser observado muda a maneira como o artista age. Mesmo que apenas uma pessoa que não faz parte do projeto esteja presente, pode ser o bastante. Embora alguns artistas exagerem a apresentação assim que se veem diante de um público e outros se contenham, a maioria tende a permanecer mais concentrada na presença de outras pessoas. Ainda que sua arte não seja performática, como escrever ou cozinhar, é provável que sofra mudanças com a presença de um observador. A meta é encontrar os parâmetros específicos de cada caso que destacam o que você tem de melhor.

Mude o contexto

Há ocasiões em que o cantor não se conecta com uma canção, como o ator cuja leitura de texto é monótona. Pode valer a pena criar um novo significado ou uma história pregressa adicional para a letra da música. Uma canção de amor pode soar diferente se for cantada para uma alma gêmea há muito perdida, para um parceiro de trinta anos atrás com quem você não se dá bem, para uma pessoa que você viu na rua mas com quem nunca falou, ou para a sua mãe.

Sugeri a um artista que cantasse uma canção de amor escrita para uma mulher como se fosse um louvor a Deus. Podemos tentar muitas variantes para cantar a mesma música, sem mudar nada da letra, para ver qual versão traz à tona a melhor execução.

Altere o ponto de vista

Uma técnica que às vezes usamos no estúdio é deixar o volume dos fones altíssimo. Quando todos os sons explodem nos ouvidos, há uma tendência natural de tocar muito mais baixo para restaurar o equilíbrio. É uma mudança forçada de perspectiva que pode produzir uma execução delicadíssima. Até os vocais podem ser sussurrados, porque qualquer coisa além disso seria excessiva. Por outro lado, para convencer alguém a cantar mais alto, com mais energia, podemos pedir que baixe o volume do vocal no fone para que sua voz seja encoberta pela música. Seja qual for a situação, quando a tarefa é difícil, sempre há um modo de projetar o ambiente para incentivar naturalmente a execução desejada.

Num espetáculo, montar a luz de forma que o artista veja o rosto do espectador ou não veja ninguém altera a atuação. Se o artista usa fones de retorno e só ouve a música que toca, não a reação do público, faz uma leitura muito diferente de quando os gritos da multidão se misturam. Vale experimentar diversos cenários para observar o que produzem e encontrar a performance que você quer.

Componha para outra pessoa

No caso do músico que geralmente compõe o próprio material, sugiro: "Imagine que um artista favorito lhe pedisse que compusesse uma música para seu próximo disco. Como seria essa música?"

Ao criar algo que deixaria você empolgado se ouvisse seu artista favorito executar, o processo se despersonaliza e permite que o compositor se liberte de si mesmo. A canção exemplar de empoderamento feminino "(You Make me Feel Like) a Natural Woman" foi composta por Carole King e Gerry Goffin. King – e depois, é claro, Aretha Franklin – a cantou. Fiquei surpreso ao saber que Goffin compôs a letra, e King, a música.

Às vezes, peço ao músico que escolha um artista cuja letra e cujo ponto de vista sejam muito diferentes dos dele para evitar a mesmice que o tempo pode causar na carreira. Quando um artista é normalmente fanfarrão, podemos escolher um letrista mais vulnerável e de fala mansa. Se você tende a compor no estilo X, pode ser interessante escolher um artista que seja o extremo oposto de X. Isso não significa que a música será boa. Só é interessante ver aonde chega. E às vezes leva você diretamente aonde você está indo.

Como os outros exercícios, esse pode ser aplicado a qualquer ofício. Se você é pintor, criar uma obra no estilo de seu artista favorito pode abrir um canal e trazer resultados interessantes. Muitos artistas têm alguma ideia de qual é sua especialidade, e em última análise essa é uma limitação. Portanto, é útil sair de si mesmo e entrar na especialidade de outra pessoa.

Acrescente imagens

Eu estava trabalhando num disco e o grupo estava com dificuldade com o solo de teclado. O clima não estava certo. Queríamos algo mais grandioso. Assim, em vez de uma referência musical, criamos uma cena. Encontramos a descrição do período após uma batalha: "Imagine que há um lindo morro verde coberto de árvores e plantas, de tirar o fôlego, e uma batalha acabou agora. A fumaça se eleva do morro e revela soldados feridos espalhados, aguardando a chegada do socorro." Descrevemos a cena de forma bem vívida, dissemos "Toque o solo assim" e apertamos *record*. O tecladista começou a tocar lindamente.

Desde então, essa é uma técnica que continuamos a usar. Em geral, nem sabemos quais são as conexões entre a imagem e o que queremos ouvir. Pensar numa imagem ou história específica, ou imaginar que você está fazendo a trilha sonora de um filme e então começar a tocar, dará uma direção mais vigorosa a uma canção meio tortuosa.

Limite as informações

Quando um compositor manda uma versão demo de uma música para um grupo gravar no estúdio, os músicos não devem ser influenciados pelas escolhas musicais feitas na demo – assim espero. Então peço a um músico, em geral um guitarrista, que a ouça, identifique os acordes, escreva a música na partitura e dê ao grupo.

O guitarrista e o cantor podem executá-la sem outra sugestão de ritmo além da velocidade implícita no modo como tocam.

Quando se trabalha com grandes músicos, pode-se dar liberdade a eles para que mostrem mais de si mesmos. Em vez de gravar uma versão boa da demo eles usarão todo o alcance de sua criatividade e sua capacidade de decisão para levar a música a um lugar novo e, muitas vezes, inesperado. Se depois de várias abordagens o resultado não for bom, eles podem ouvir a versão demo, embora isso raramente aconteça.

O princípio geral é ser protetor e evitar que as pessoas com quem você trabalha experimentem coisas que possam interferir no processo criativo. Limite as informações usando apenas esboços bem simples. Se quiser que os criadores ponham tudo de si em alguma coisa, dê a eles a máxima liberdade para criar. Se der a um roteirista um livro, um esboço ou uma frase para transformar em roteiro, cada um deles proporá um resultado muito diverso.

Esses exercícios não são pétreos. A intenção é criar pontos de vista ou condições diferentes e ver onde você ou seus colaboradores vão parar. Pense em criar suas próprias versões desses experimentos. Ou, se usar esses itens propostos, sinta-se à vontade para mudar os parâmetros enquanto trabalha ou removê-los completamente quando chegar a hora certa. Os exercícios em si têm pouca importância. A intenção é criar uma estrutura para ir além de seu método usual e encontrar novos caminhos para seguir adiante.

Conclusão

À medida que a obra for melhorando na fase da Construção, você chegará a um ponto em que todas as opções disponíveis já foram suficientemente exploradas.

A semente alcançou sua plena expressão e você a podou até ficar satisfeito. Não resta nada para tirar nem pôr. A essência da obra soa com clareza. Há uma sensação de realização nesse momento.

Daqui, avançamos para o movimento final do processo criativo.

Na fase de Conclusão, deixamos para trás a descoberta e a construção. Com um belo volume de material criado diante de nós, a forma final é refinada para ser lançada ao mundo.

Os toques finais e o ajuste fino são diferentes em cada projeto. Pode ser algo simples como emoldurar um quadro, corrigir a cor de um filme, melhorar a mixagem final da canção ou reler o manuscrito para ter certeza de que o fraseado está certo.

Como em outros estágios do ato criativo, a fase de Conclusão não é uma linha clara que você atravessa ao avançar na jornada. No processo de preparar sua obra para ser compartilhada, talvez você perceba que há mais a fazer. Uma revisão, um acréscimo, uma remoção ou alguma outra mudança necessária. Então você volta para a Construção ou a Experimentação e avança mais uma vez.

Podemos pensar na fase de Conclusão como a última parada da linha de montagem. A peça acabada é examinada para garantir que atenda a seus padrões mais elevados. Se não atender, você a manda de volta para ser aprimorada. Se atender, você a assina, a manda embora e começa o próximo capítulo do trabalho de sua vida – seja ele qual for.

⊙

Quando sentir que o projeto está próximo da finalização, pode ser útil abrir a obra a outros pontos de vista.

A meta principal não é receber notas ou opiniões. Essa é sua obra, sua expressão. Você é o único público que importa. A intenção é você experimentar a obra de novo.

Quando tocamos música para outra pessoa, a ouvimos de forma diferente de quando a escutamos sozinhos. É como tomar emprestado um segundo par de ouvidos. Não procuramos necessariamente um ponto de vista externo. Estamos mais interessados em ampliar o nosso.

Quando escrevemos um ensaio e o damos a um amigo, antes mesmo de ouvir o que ele tem a dizer, nossa relação com a obra muda. Dê o ensaio a um mentor e a visão muda de outra maneira. Nós nos questionamos quando oferecemos nossa obra aos outros. Fazemos perguntas que não fizemos a nós mesmos quando a criamos. Compartilhá-la nessa condição limitada traz à luz nossas dúvidas subjacentes.

Se alguém quiser lhe dar feedback, escute para entender quem é aquele que dá a opinião, não a obra. As pessoas lhe dirão mais sobre si mesmas do que sobre a arte ao dar feedback. Cada um de nós vê o mundo de modo exclusivo.

Às vezes, um comentário faz sentido. Reverbera com algo que sentimos, seja em nossa consciência ou logo atrás dela, e podemos descobrir espaço para melhorar. Outras vezes, uma avaliação nos irrita, e nos pegamos defendendo a obra ou perdendo a confiança.

Nesses momentos, vale a pena se afastar, dar um *reset* e retornar com a mente neutra. As críticas permitem um envolvimento novo com a obra. Podemos concordar ou seguir nosso instinto original com o dobro de convicção.

Às vezes, um desafio permite que nos concentremos num aspecto da obra e percebamos que ele é mais importante do que havíamos imaginado. No processo, acessamos poços mais fundos de compreensão da obra e de nós mesmos.

Enquanto você coleta feedback, as soluções propostas nem sempre parecem úteis. Antes de descartá-las, veja se indicam um problema subjacente que você não notou.

Se ouvir a sugestão de remover a transição de uma música, por exemplo, você pode interpretá-la como "vale a pena reexaminar a transição". Então comece a olhá-la no contexto da peça inteira.

Se você criou de fato uma obra inovadora, é provável que ela afaste tanta gente quanto irá atrair. A melhor arte divide o público. Quando todo mundo gosta, talvez você não tenha ido longe o bastante.

No fim, você é o único que tem de gostar do que fez. Essa obra é para você.

Quando a obra está pronta?

Não há fórmula nem método para achar a resposta. É uma intuição:

A obra está pronta quando você sente que está.

Embora evitemos os prazos no início do processo, na fase de Conclusão uma data final ajuda a pôr o tempo em foco e lhe dá apoio para concluir a obra.

A arte não é feita segundo o relógio. Mas pode ser terminada segundo o relógio.

Alguns acham essa fase a parte mais difícil do processo. Resistem a largá-la com teimosia feroz. Até então, a argila ainda está mole. Tudo pode mudar. Depois de fixa, perdemos o controle. Esse medo da permanência é comum mesmo fora da arte. É a chamada fobia de compromisso.

Quando o último capítulo está prestes a terminar, podemos criar desculpas para adiar a conclusão da obra.

Pode ser uma súbita perda de fé no projeto. Decidir que não é mais bastante bom. Encontramos falhas que na verdade não existem. Fazemos mudanças inconsequentes. Sentimos a miragem distante de alguma opção criativa ainda melhor que não foi descoberta. Se continuarmos trabalhando, pode ser que ela surja algum dia.

Quando você acredita que a obra à sua frente é uma peça única que vai defini-lo para sempre, é difícil largá-la. A ânsia de perfeição é esmagadora. É opressiva demais. Ficamos paralisados e, às vezes, acabamos nos convencendo de que descartar a obra inteira é a única maneira de avançar.

A única arte que o mundo pode apreciar vem de criadores que superaram esses obstáculos e lançaram a obra. Talvez tenham existido artistas ainda mais criativos do que os que conhecemos, mas que nunca foram capazes de dar esse salto.

Liberar uma obra no mundo torna-se mais fácil quando nos lembramos que cada peça nunca será um reflexo total de nós mesmos, mas só um reflexo de quem somos neste momento. Se esperarmos, não será mais a imagem de hoje. Daqui a um ano, podemos ser guiados para criar uma peça que não se pareça em nada com ela. A obra tem temporalidade. O passar das estações dissiparia o valor que a obra tem para nós.

Agarrar-se à obra é como passar anos escrevendo o mesmo texto no diário. Momentos e oportunidades se perdem. Rouba-se das próximas obras a possibilidade de tomar vida.

Quantas páginas ficarão em branco porque seu processo foi abafado pela dúvida e pela deliberação? Mantenha essa pergunta em mente. Ela pode permitir que você avance com mais liberdade.

Num ambiente onde nada é permanente, produzimos artefatos estáticos. Lembranças do espírito. Esperamos que vivam para sempre e mantenham a ressonância a cada década que passa. Alguns vão manter; muitos não. É impossível saber. Só podemos continuar construindo.

Quando você e a obra estão em sincronia, pode deixá-la de lado em algum momento e seguir em frente.

Cada novo projeto é mais uma oportunidade de transmitir o que passa por sua mente. É outra chance de gol. Outra oportunidade de se conectar. Outra página preenchida no diário de sua vida íntima.

⊙

O medo de lançar uma obra no mundo pode ter raízes em um estado de ansiedade mais profundo. Pode ser o medo de ser julgado, mal entendido, ignorado ou detestado. Mais ideias virão? Serão tão boas assim?

Alguém vai se importar?

Parte do processo de se desapegar é abandonar qualquer ideia de como você ou sua peça serão recebidos. Quando se cria arte, o público vem por último. Só vamos considerar como será a estratégia de lançamento e de que modo a peça será recebida quando a obra estiver concluída e a adorarmos.

Isso é diferente de a obra ser perfeita. Podemos nos engajar com qualquer obra de que participemos e reconhecer o que há de errado nela. Talvez não no momento em que a concluímos, mas em retrospecto é comum acontecer isso. Sempre haverá mudanças a fazer. Não há uma versão correta. Toda obra de arte é simplesmente uma versão.

Uma das grandes recompensas de fazer arte é a capacidade de compartilhá-la. Mesmo que não haja público para recebê-la, juntamos forças para fazer alguma coisa e colocá-la no mundo. Terminar a obra é um bom hábito a ser desenvolvido. Promove confiança. Apesar de nossa insegurança, quanto mais vezes nos obrigarmos a liberar a obra, menos peso a insegurança terá.

Evite pensar demais. Quando estiver satisfeito com a obra e sentir vontade de dividi-la com um amigo, talvez seja a hora certa de dividi-la também com o mundo.

Essa fase final é uma hora fértil para plantar uma nova safra de sementes. A empolgação do que virá depois pode gerar a energia vital necessária para concluir a obra atual.

Talvez você ache difícil se manter concentrado no projeto quando novas ideias começam a chegar. Mas pense que esse é um bom problema a resolver. Surfar a força vital do próximo projeto geralmente nos arranca do transe da peça atual. Mal podemos esperar para terminar, porque outra ideia nos chama e nos ilumina.

Está na hora do próximo projeto
porque o relógio ou o calendário
dizem que está na hora
ou porque a obra em si
diz que está na hora?

A mente abundante

Um rio de material corre por nós. Quando compartilhamos obras e ideias, elas se renovam. Se bloquearmos o fluxo mantendo todas elas dentro de nós, o rio não pode correr, e novas ideias demoram a surgir.

Na mente abundante, o rio nunca seca. As ideias estão sempre vivas. E o artista está livre para liberá-las tendo fé em que outras chegarão.

Quando vivemos com a mentalidade da escassez, entesouramos grandes ideias. O comediante pode ter a oportunidade perfeita de contar a nova piada favorita que escreveu, mas a guarda, à espera de uma ocasião mais apropriada. Quando usamos tudo o que há de bom dentro de nós, um novo conteúdo tende a surgir. E quanto mais compartilharmos, mais nossa habilidade melhorará.

Escolher viver na escassez leva à estagnação. Se trabalharmos para sempre num projeto, nunca faremos outro. O medo da seca e o impulso do perfeccionismo nos impedem de avançar e bloqueiam o fluxo do rio.

Toda mente evoca uma regra universal: obtemos aquilo em que nos concentramos.

Quando a mente cria um mundo limitado, onde achamos que não temos ideias ou material de qualidade suficiente, não vemos a inspiração que o Universo oferece.

E o rio diminui o ritmo.

No mundo abundante, temos mais capacidade de concluir e lançar nossa obra. Quando há muitas ideias disponíveis e tanta arte grandiosa a fazer, somos compelidos a nos engajar, lançar e avançar.

Quando só há uma obra a fazer e pretendemos nos aposentar quando ela acabar, não há vontade de terminar. Quando toda peça é abordada como a obra definitiva da vida, nós a revisamos e reescrevemos sem parar, visando ao ideal irrealista da perfeição.

O músico pode demorar para lançar um disco por medo de não ter levado as músicas até onde poderiam ir. Mas um disco é apenas o registro de um momento no diário, um instantâneo de quem é o artista naquele período. E nenhum registro no diário é a história de nossa trajetória.

O trabalho de nossa vida é muito maior que qualquer recipiente individual. As obras que fazemos são, no máximo, capítulos. Sempre haverá um novo capítulo, e outro depois, e mais outro. Embora alguns sejam melhores, isso não é da nossa conta. O objetivo é estar livre para encerrar um capítulo e passar ao próximo e continuar o processo enquanto sentirmos prazer.

Sua obra antiga não é melhor do que a nova. E sua obra nova não é melhor do que a antiga. Haverá altos e baixos durante a vida do artista. Supor que houve um período áureo que já passou só é verdade se você aceitar essa premissa. Dedicar todo o esforço a cada momento, a cada capítulo, é tudo o que podemos esperar.

Sempre há mais que podemos melhorar e outra versão a ser feita. Podemos trabalhar em algo por mais dois anos, e ficará diferente. Mas não há como saber se será melhor ou pior – apenas diferente. Assim como você. E você pode evoluir além da obra em que passou anos trabalhando. Seu reflexo direto desvanece. A obra começa a parecer uma foto velha, não uma imagem no espelho. É desanimador concluir e compartilhar uma obra com a qual você perdeu a conexão.

O reconhecimento da abundância nos enche da esperança de que as ideias mais brilhantes ainda nos aguardam e a maior obra ainda está por vir. Conseguimos viver num estado energizado de ímpeto criativo, livre para criar projetos, deixá-los ir, produzir o próximo, deixá-lo ir também. A cada capítulo que nos dedicamos, ganhamos experiência, melhoramos nosso ofício e nos aproximamos um pouquinho de quem somos.

O Experimentador e o Finalizador

Por natureza, muitos artistas se inclinam para uma das seguintes categorias: Experimentadores e Finalizadores.

Os Experimentadores tendem a sonhar e brincar e acham mais difícil completar e lançar a obra.

Os Finalizadores são uma imagem espelhada, um reflexo ao contrário. Vão rapidamente ao ponto final com clareza imediata. Estão menos interessados em explorar as possibilidades e alternativas que as fases de Experimentação e Construção podem sugerir.

Seria útil a cada um tomar algo emprestado do outro.

Os Finalizadores se beneficiariam se dedicassem mais tempo às fases iniciais. Escrever além do mínimo exigido, experimentar outros materiais, considerações e pontos de vista. Dar espaço para o improviso e para a surpresa no processo.

Os Experimentadores se beneficiariam se levassem um aspecto

da obra até a conclusão. Pode ser um desenho, uma canção ou um capítulo de um livro. Tomar uma decisão básica da qual partir ajuda bastante.

Vejamos o exemplo de um disco. Se você é músico e tem dificuldade com dez músicas, reduza o foco a duas. Quando tornamos a tarefa mais administrável e concentrada, uma mudança tende a ocorrer. E completar um pequeno segmento que seja cria confiança.

Comparativamente, passar de dois a três é mais fácil do que ir de zero a dois. E se você estiver preso no três, pule e faça quatro e cinco.

Complete o máximo de elementos do projeto que conseguir sem se desligar. É muito mais fácil voltar atrás quando a carga de trabalho se reduz. Em geral, o conhecimento que obtemos com o término das outras peças se torna fundamental para superar os obstáculos anteriores.

Regras temporárias

Boa parte dos processos artísticos envolve ignorar as regras, abrir mão das regras, minar as regras e extirpar as regras que não sabíamos que estávamos seguindo. Há um lugar também para impor regras. Para usar as regras como ferramentas de modo a definir um dado projeto.

Quando não há restrições de material, tempo e orçamento, você tem opções ilimitadas. Quando aceita as limitações, as opções se reduzem. Impostas pelo projeto ou pela necessidade, as limitações são vistas como oportunidades.

Encare isso como a criação de uma paleta para cada projeto. Dentro dessas restrições, os aspectos da solução do problema se tornam mais específicos, e as soluções mais óbvias talvez não estejam disponíveis. Essa eliminação seletiva ajuda a dar à nova obra seu caráter e a destaca dos esforços anteriores, com potencial de resultados inovadores. Novos problemas levam a soluções originais.

Georges Perec escreveu um livro inteiro sem usar a letra mais comum do alfabeto francês: e. O livro se tornou uma das obras experimentais mais famosas da literatura moderna.

O pintor Yves Klein decidiu limitar sua paleta a uma cor. Isso o levou a descobrir um tom de azul que ninguém havia visto antes. Muitos consideraram que a tonalidade em si, mais tarde chamada "Azul Klein Internacional", se tornou uma obra de arte.

O diretor Lars von Trier criou dez regras, o Dogme 95 The Vow of Chastity (Dogma 95: o voto de castidade), para reduzir a artificialidade da cinematografia. Eram as seguintes:

1. O filme deve ser rodado em locação, sem adereços nem cenários que não existam logicamente no ambiente.
2. Os sons têm de ser diegéticos. Nunca devem ser produzidos, como música que não exista dentro da cena.
3. Todas as tomadas devem ser feitas com a câmera na mão. Movimento, imobilidade e estabilidade devem ser conseguidos com a mão.
4. O filme tem de ser colorido, sem iluminação especial. Se não for suficiente para a exposição, uma única lâmpada pode ser presa à câmera.
5. Não pode haver trabalho óptico nem filtros na lente.
6. Nada de ação "superficial" (como assassinatos encenados, proezas elaboradas, etc.).
7. A alienação geográfica está estritamente proibida, ou seja, o filme precisa ocorrer aqui e agora.
8. Nada de gêneros cinematográficos.
9. O formato Academy 35 mm é o único aceitável.
10. Os diretores não devem receber crédito.

Três anos depois do anúncio do manifesto, o primeiro filme oficial do Dogma 95 foi lançado por Thomas Vinterberg. Intitulado *Festa de família (Festen)*, o filme foi um sucesso instantâneo de crítica e ganhou o prêmio do júri no Festival de Cannes de 1998.

Inspirado em Von Trier, o tecladista Money Mark fez um conjunto de regras semelhantes aplicáveis à música para gravar um de seus discos mais bem-conceituados.

As regras do beisebol ou do basquete definem o jogo e raramente são alteradas. A inovação só existe dentro dessas regras. Como artistas, criamos um novo conjunto de regras a cada vez que jogamos. Depois de cuidadosa consideração, podemos escolher desrespeitá-las no meio do projeto se uma descoberta nos impelir a isso. Embora seja fácil fazer essas mudanças, há pouca utilidade nas regras se não forem levadas a sério.

Não há regras boas nem ruins. Apenas regras que se encaixam na situação e servem ou não à arte. Se a meta é criar a mais bela obra possível, então as diretrizes que estão a serviço desse fim são as certas para serem usadas.

⊙

A imposição de regras é mais valiosa para o artista que já criou algumas obras. Quando você já se estabeleceu num campo ou ofício, as regras temporárias podem ser úteis para romper um padrão. Podem desafiar você a melhorar, inovar e exibir um novo lado seu ou da obra.

Alguns virtuoses escolhem usar instrumentos ou meios menos conhecidos, porque o desafio os revela como os artistas que realmente são, sem a distração da habilidade técnica.

Estabeleça parâmetros que forcem você a sair de sua zona de conforto. Se sempre escreve num computador, experimente um bloco de papel. Se é destro, pinte com a mão esquerda. Se baseia suas melodias nos instrumentos, escreva uma a capela. Se filma com equipamento profissional, pense em fazer um filme inteiro usando apenas a câmera do celular. Se sempre se prepara com pesquisas para representar um papel, experimente o improviso às cegas.

Qualquer que seja a sua escolha, decida-se por um arcabouço que rompa seu ritmo normal e veja aonde isso leva. Só pela natureza das limitações que estabelecer, a obra será diferente daquilo que você já fez. Tem pouca importância se será melhor. O propósito é a autodescoberta.

Se costuma escrever parágrafos curtos, decida experimentar parágrafos longos. Talvez não goste tanto da nova forma, mas aprenderá no processo algo que vai melhorar os parágrafos curtos. Quando rompe as regras, você passa a ter uma compreensão maior das escolhas do passado.

Para alguns artistas de sucesso, quando pensam em mudanças de método ou estilo, o problema é a preocupação com os seguidores. Eles perguntam: *O público virá junto?*

Quando exploramos novos horizontes, podemos perder alguns fãs. Também podem aparecer outros tantos novos. Seja qual for o caso, a decisão de limitar a obra ao conhecido é um desserviço a você e ao público. A energia do maravilhamento e da descoberta pode se perder quando trilhamos o mesmo terreno várias e várias vezes.

A regra é um modo de estruturar a consciência.

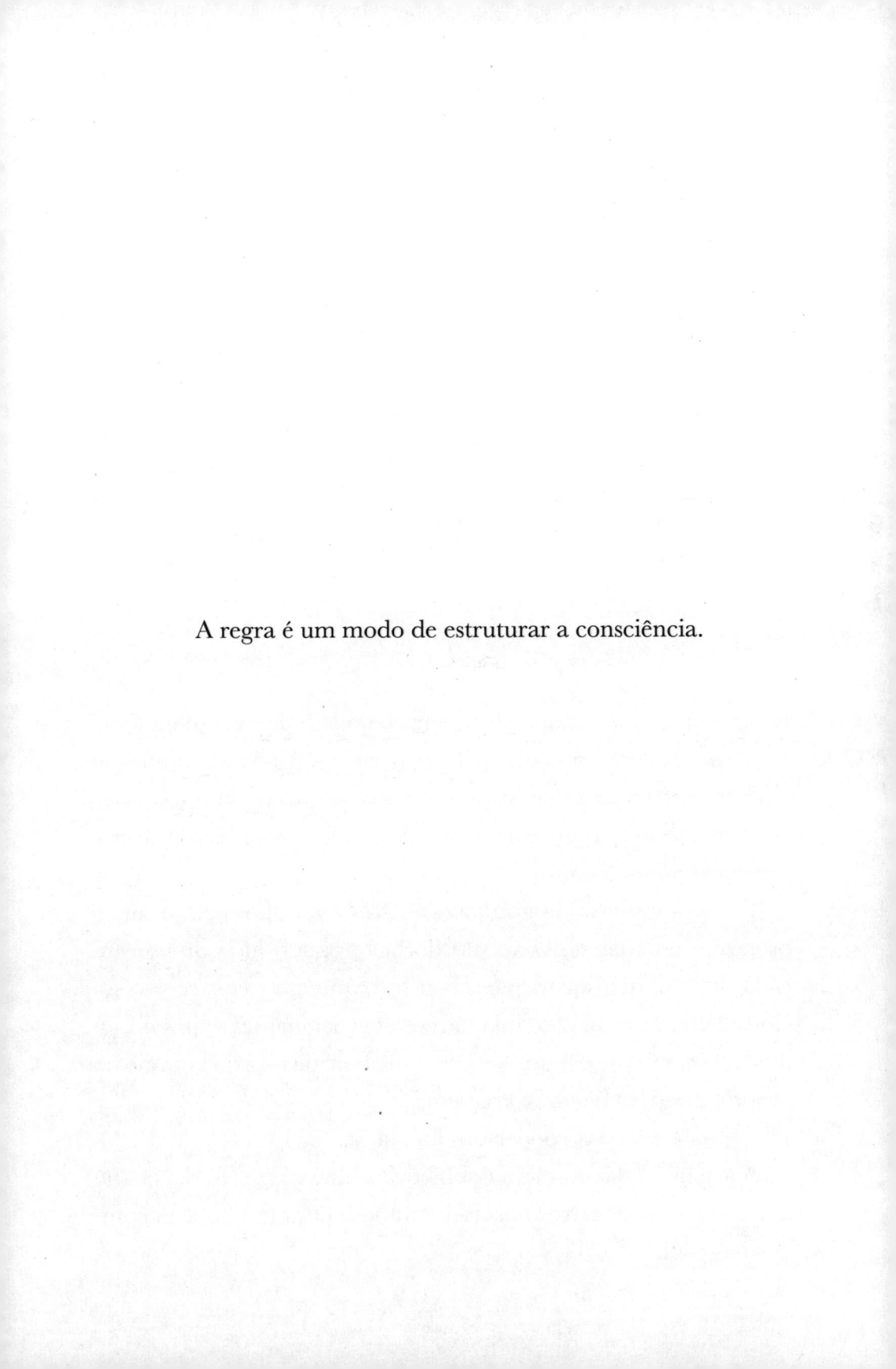

Grandeza

(·)

Imagine ir morar sozinho para sempre no alto de uma montanha. Você constrói uma casa que ninguém visitará. Ainda assim, investe tempo e esforço para configurar o espaço no qual passará seus dias.

A madeira, os pratos, as almofadas – tudo magnífico. Selecionado segundo seu gosto.

Essa é a essência da grande arte. Nós a fazemos com o único propósito de criar nossa versão do belo, pondo tudo de nós em cada projeto, quaisquer que sejam os parâmetros e as restrições. Considere isso uma oferenda, um ato devocional. Fazemos o melhor do mesmo modo que vemos o melhor: de acordo com nosso próprio gosto. O de mais ninguém.

Criamos arte para podermos habitá-la.

A avaliação da grandeza é subjetiva, como a arte em si. Não há parâmetros rígidos. Nós nos apresentamos para um público composto de um.

Se pensar *Não gosto, mas alguém gostará*, você não estará fazendo arte para si mesmo. Você se encontra no negócio do comércio, e tudo bem; só que pode não ser arte. Não há linha clara entre os dois. Quanto mais estereotipada for sua criação, quanto mais se aproximar da margem do que é popular, menos provável que seja arte. De fato, nesse espírito a criatividade em geral não consegue atingir suas metas. O parâmetro mais válido para prever aquilo que o outro vai gostar é o que nós mesmos gostamos.

Medo de críticas. Apego ao resultado comercial. Competição com obras passadas. Restrições de tempo e recursos. Aspiração de querer mudar o mundo. E qualquer história além de "quero fazer a melhor coisa que conseguir, seja o que for" é uma força que prejudica a busca da grandeza.

Em vez de se concentrar no que o ato de fazer trará de bom, concentre-se na contribuição que você dá para tornar a arte o melhor que poderia ser, sem limitações.

Quando se cria algo com um propósito puramente funcional, como um carro projetado para atingir uma determinada velocidade máxima, outras intenções podem ter importância. Se o seu projeto for puramente artístico, redirecione sua voz interior para se concentrar na pura intenção criativa.

O objetivo de criar uma grande obra provoca um efeito cascata. Em tudo o que você faz há um padrão que, além de levar seu trabalho a novas alturas, eleva a vibração de toda a sua vida. Pode até inspirar outros a fazerem a melhor obra. Grandeza gera grandeza. É algo contagioso.

Sucesso

⊙

Como medir o sucesso?

Não é popularidade, dinheiro nem a aprovação dos críticos. O sucesso está na privacidade da alma. Vem no momento em que você decide lançar a obra, antes que seja exposta a uma única opinião. Quando você fez tudo o que era possível para extrair o máximo potencial da obra. Quando está satisfeito e pronto para deixá-la ir.

O sucesso não tem nada a ver com variáveis alheias a você.

Avançar é um aspecto do sucesso. Isso acontece quando terminamos uma obra, a compartilhamos e começamos um novo projeto.

O que vier depois desse sentimento tranquilo de realização estará sujeito às condições do mercado. Condições além de nosso controle. Nossa vocação é fazer obras incríveis com o máximo de nossa habilidade. Às vezes elas serão aplaudidas ou recompensadas; outras vezes não. Se tentarmos questionar nosso conhecimento interior para prever de que os outros gostariam, nossa melhor obra nunca surgirá.

⊙

O sucesso popular é um mau parâmetro de obras e valores. Para uma obra se conectar comercialmente, as estrelas precisam se alinhar, e isso não tem nada a ver com a qualidade do projeto. Pode ser o momento, o mecanismo de distribuição, o clima cultural ou uma conexão com acontecimentos atuais.

Se uma catástrofe global acontecer no dia em que um projeto for lançado, o projeto ficará na sombra. Se você mudou seu estilo, a princípio seus fãs podem não ser receptivos. Se uma obra muito esperada de outro artista for lançada no mesmo dia, seu projeto pode não ter o mesmo impacto. A maioria das variáveis está fora de nosso controle. As únicas que podemos controlar são: criar a melhor obra, compartilhá-la, começar a próxima e não olhar para trás.

⊙

Não é raro ansiar pelo sucesso, na esperança de que ele preencha um vazio dentro de nós. Alguns imaginam a realização como um remédio para curar a sensação de não serem bons o bastante.

Os artistas que trabalham diligentemente para conseguir isso quase nunca estão preparados para a realidade. Em sua maior parte, os aspectos da popularidade não são como se anunciam. E, em geral, o artista se sente tão vazio quanto antes, talvez ainda mais.

Se você vive acreditando que o sucesso curará a dor, quando o tratamento vier e não der certo o desespero poderá surgir. A depressão acompanha a percepção de que aquilo que você perseguiu pela maior parte da vida não resolveu sua insegurança e sua vulnerabilidade. É mais provável que, com mais em jogo e consequências agora mais sérias, a pressão só aumente. E não somos ensinados a lidar com essa decepção épica.

O público fiel começa a parecer uma prisão. Um músico talvez comece a trabalhar com um gênero específico porque o adora e tenha grande sucesso com ele. Se o gosto dele mudar, talvez se sinta acorrentado ao antigo, porque agora há produtores, publicitários, agentes, assessores e outros que apostaram no sucesso comercial. Em nível pessoal, o artista pode até ligar a própria identidade ao estilo de trabalho que adotou no passado.

Sempre que surge o instinto de movimento e evolução, é sensato lhe dar ouvidos. A alternativa – ficar preso por medo de perder terreno – é um beco sem saída. Você pode perder o prazer e a crença na obra porque ela não é mais verdadeira para você. Em consequência, a obra pode soar oca e não engajar mais o público.

Pense que talvez não tenha sido o estilo inicial que atraiu o sucesso, mas sua paixão pessoal por ele. Assim, se a paixão mudar de rumo, siga-a. É a confiança em seu instinto e em sua empolgação que reverbera nos outros.

O mesmo resultado pode ser considerado um grande sucesso ou um terrível fracasso, dependendo do ponto de vista. Essa percepção pode ter uma dinâmica complicada que se propaga pela carreira do escritor. Ser rotulado como fracasso com uma obra bem-sucedida pela maioria dos outros parâmetros tende a tornar o avanço muito mais difícil.

Por isso uma boa tática é ter e proteger uma compreensão pessoal do sucesso. E fazer cada nova obra como se não tivesse nada a perder, não importa em que lugar você esteja na escala da opinião pública.

Se conseguirmos entrar em sintonia com a ideia
de fazer coisas e compartilhá-las
sem nos apegarmos ao resultado,
é mais provável que a obra
chegue à sua forma mais fiel.

Desapego conectado
(Possibilidade)

◉

Considere se desapegar da história de sua vida enquanto ela acontece.

O manuscrito do romance em que você passou anos trabalhando é destruído num incêndio. Seu relacionamento romântico termina quando você achava que estava indo bem. Você perde o emprego de que gosta. Por mais difíceis que pareçam, acontecimentos como esses deveriam ser vividos como se você estivesse assistindo a um filme. Você observa uma cena dramática em que o protagonista enfrenta um desafio aparentemente insuperável.

É você, mas não é você.

Em vez de afundar na dor de cotovelo, no estresse de ser demitido, no luto da perda, você pode ter uma reação menos bombástica, caso esteja praticando o desapego: *Eu não esperava essa virada. O que será que vai acontecer com o nosso herói agora?*

Sempre há uma próxima cena, e essa próxima cena pode ter

grande beleza e trazer satisfação. Os tempos difíceis foram a preparação necessária para que essas possibilidades viessem a existir.

O desfecho não é o desfecho. As trevas não são o ponto final, nem a luz do dia. Elas vivem num desdobramento contínuo, um ciclo mutuamente dependente. Nenhuma é boa ou ruim. Simplesmente existem.

A prática de nunca supor que sua experiência dá conta da história toda será a base de uma vida de possibilidades e equanimidade. Quando nos concentramos de forma obsessiva em eventos ruins, eles parecem catastróficos. Mas são apenas um aspecto pequeno de uma vida maior, e quanto mais recuamos, menor parece cada experiência.

Aproxime-se e fique obcecado. Afaste-se e observe. Você pode escolher.

Quando chegamos a um impasse, podemos sentir desesperança. A capacidade de ficar fora da história, se afastar e ver novos caminhos em torno de um desafio é ilimitada.

Se permitirmos que esse princípio funcione enquanto trabalhamos nele, nossa imaginação nos libertará da teia de histórias pessoais e culturais que nos envolvem. A arte tem o poder de nos retirar do transe, abrir a mente para o que é possível e permitir que nos reconectemos com a energia eterna que se desloca por todas as coisas.

Êxtase

Você já se sentiu absorvido, como que em transe, enquanto escutava música? Enquanto lia um livro ou fitava um quadro?

Essa pode ser uma das razões pelas quais somos atraídos por obras criativas – a lembrança, a experiência recorrente de alegria sensorial. É como morder uma fruta bem madura.

Agora, pense em tudo na obra que vem antes do momento de equilíbrio perfeito. Todos os experimentos que erram o alvo. As ideias que não levam a lugar nenhum. As decisões difíceis. Os ajustes minúsculos que parecem mudar tudo.

Que teste o artista usa nesses momentos fundamentais do processo? Como sabe quando a obra e o trabalho estão bons? Como sabe que está na direção certa? Como progride?

Você pode dizer que é uma sensação. Uma voz interior. Um sussurro silencioso que o faz rir. Uma energia que entra na sala e toma conta do corpo. Pode chamar de alegria, fascínio ou exultação. É quando a sensação de harmonia e realização predomina de repente.

É o surgimento do êxtase.

O êxtase é a bússola que indica o verdadeiro norte. Surge genuinamente no processo de criação. Você trabalha, se esforça e, num piscar de olhos, nota uma mudança. Uma revelação. Uma alteração minúscula é feita, então um novo ângulo se revela e lhe tira o fôlego.

Pode surgir até do detalhe mais mundano. A mudança de uma palavra numa frase. No mesmo instante, o trecho se transforma, deixa de ser bobagem e se transforma em poesia. Tudo se encaixa.

O artista está na ânsia da criação, e a obra parece sem graça por algum tempo. Subitamente, uma mudança ocorre, um momento é revelado, e a mesma peça parece extraordinária.

Muito pouco foi necessário para saltar da mediocridade à grandeza. Nem sempre o salto é compreendido, mas, quando acontece, é claro e estimulante.

Isso pode ocorrer em qualquer momento do projeto. Você pode avançar algum tempo pela zona neutra. Dá uma nota nova e, de repente, você se sente magnetizado. Absorto. Inclina-se à frente e sente um jorro de energia, como a resposta a uma oração.

Essa sensação indica que você está no caminho certo. É um empurrãozinho para continuar. Um sinal de que está trabalhando na direção da grandeza, que há uma verdade mais profunda no que está fazendo. Que está fundamentado em algo valioso.

Essa epifania é o coração da criatividade. É algo que sentimos no corpo inteiro. Com ela, ficamos atentos de repente, aceleramos os batimentos cardíacos, rimos de surpresa. Ela nos dá um vislumbre de um ideal mais elevado e abre em nós possibilidades novas que não sabíamos que existiam. É tão revigorante que faz com que valham a pena todas as partes trabalhosas e menos interessantes da obra.

Garimpamos esses eventos: os momentos em que os pontos se ligam. Nós nos deleitamos com a satisfação de ver a forma completa entrar em foco.

⊙

A natureza do êxtase é animalesca. Uma reação visceral, centrada no corpo, não cerebral. Não precisa fazer sentido. Não é para ser entendida. Está lá para nos guiar.

O intelecto ajuda a terminar a obra e, em retrospecto, pode decifrar o que promove o prazer, mas para fazer arte precisamos sair do campo da racionalidade. Parte da beleza da criação é que podemos nos surpreender e fazer algo maior do que somos capazes de entender na hora, se é que algum dia entenderemos.

As ideias e as emoções latentes, escondidas em camadas mais profundas da psique, encontram o caminho até as letras, cenas e telas. Muitos artistas percebem, muito depois de lançada, que a obra era uma forma chocante, vulnerável e críptica de confissão pública. Uma parte deles tentava encontrar uma solução ou uma voz.

A profundidade da obra não importa necessariamente. Mas quando seguimos uma reação corporal instintiva, chegamos a lugares mais profundos.

O êxtase pode ser vivido de várias maneiras. Às vezes é uma empolgação relaxada, como quando nos fazem uma pergunta cuja resposta achamos que ainda não sabemos e, então, nos vemos respondendo com perfeição a partir de um conhecimento. O aumento de energia corporal pode criar um estado de confiança calma e revigorante.

Outras vezes é um momento de perplexidade, quando sentimos emoções tão potentes que nem acreditamos que estão acontecendo. Elas sacodem a realidade e nos empurram para uma sensação de incredulidade, como quando percebe você está dirigindo na contramão.

E há o terceiro tipo, quando somos suavemente transportados para fora da realidade sem saber. Enquanto escuta uma música, você fecha os olhos e é conduzido a outro lugar. Quando a música termina, você fica quase perplexo ao se ver de volta ao corpo, como se despertasse de um sonho espontâneo.

Entre em sintonia com esses sentimentos durante o trabalho criativo. Procure as reações internas. De todas as experiências que surgem no decorrer do processo, tocar o êxtase e permitir que ele guie nossas mãos é a mais profunda e preciosa de todas elas.

Ponto de referência

De vez em quando, você ouve o novo disco de um artista que acompanha há algum tempo e que está enveredando por um novo e estranho terreno.

A princípio, é esquisito ouvir. Parece desconhecido. Você não formou um cenário definido para essa nova obra. Talvez não saiba se gosta. Pode até rejeitá-la.

Mas se sente forçado a escutar várias vezes. Um novo padrão começa a surgir no cérebro. O que era estranho se torna um pouco mais conhecido. Você começa a ver como ela se conecta com o que veio antes. Começa a se encaixar em sua mente, quer você goste, quer não.

Então um dia você percebe que não consegue viver sem ela.

Quando um artista querido frustra nossa expectativa, ou um novo artista questiona os precedentes conhecidos, ficamos confusos. A princípio, a obra parece insatisfatória ou sem interesse algum. Quando superamos a curva da adaptação à nova paleta, essas obras podem se tornar as preferidas. Por outro lado, obras de que gostamos imediatamente podem não ter o mesmo poder no futuro.

O mesmíssimo fenômeno acontece com a nossa obra.

Quando procura soluções para um problema ou um projeto novo que está em vias de começar, você pode reagir de maneira muito negativa à opção que surgir. Talvez a concepção seja tão nova que não haja uma base formada para ela. E quando não existe sustentação, as novas ideias parecem estranhas e esquisitas.

Às vezes, aquelas que menos combinam com a nossa expectativa são as mais inovadoras. Por definição, as ideias revolucionárias não têm contexto. Inventam um.

A princípio, quando experimentamos o novo radical, o primeiro instinto pode ser rechaçá-lo e pensar: *Não é para mim*. Às vezes, não é mesmo. Outras vezes, pode levar à nossa obra mais importante e permanente.

Fique atento às reações fortes. Se você for imediatamente impactado por uma experiência, vale a pena examinar por quê. Em geral, as reações mais potentes indicam poços profundos de significado. Talvez, ao explorá-los, você seja levado ao próximo passo em seu caminho criativo.

A não competição

⊙

A arte trata de quem faz.

A meta é ser uma expressão de quem somos.

Isso torna a competição absurda. O campo de jogo de cada artista é exclusivamente dele. Você cria a obra que o representa da melhor forma. Outro artista faz o mesmo movimento. Os dois não podem ser medidos um em relação ao outro. A arte está ligada ao artista que a faz e à contribuição única que dá à cultura.

Alguns argumentam que a competição inspira a grandeza. O desafio de exceder o que outros realizaram pode servir de incentivo para forçarmos nossos limites criativos. No entanto, na maioria dos casos essa energia de competição oscila numa vibração mais baixa.

Querer superar outro artista ou criar uma obra melhor que a dele raramente resulta em verdadeira grandeza. Também não é uma mentalidade que cause um impacto saudável no resto de nossa vida. Como ressaltou Theodore Roosevelt, a comparação é o ladrão da alegria. Além disso, por que criaríamos com o propósito de diminuir os outros?

No entanto, quando outra grande obra nos inspira a elevar a nossa, a energia é diferente. Ver o padrão se modificar em nosso campo de atuação pode nos incentivar a chegar ainda mais alto. Essa energia de ascender para atingir um objetivo é bem diferente da energia de derrotar.

Quando Brian Wilson ouviu *Rubber Soul*, dos Beatles, ficou impressionado. "Se eu fizer alguma coisa na vida, será um disco igualmente bom", pensou na época. E explicou: "Fiquei tão feliz ao ouvi-lo que comecei a escrever 'God Only Knows'."

Sentir-se impactado por causa da melhor obra de outra pessoa e permitir que ela o inspire de tal modo que você fique à altura do projeto não é competição. É colaboração.

Quando Paul McCartney ouviu *Pet Sounds*, o disco resultante dos Beach Boys, ficou deslumbrado e caiu em prantos, e proclamou que "God Only Knows" era, a seus ouvidos, a melhor canção já composta. Impulsionados pela experiência, os Beatles escutaram o *Pet Sounds* várias e várias vezes enquanto criavam outra obra-prima, *Sgt. Pepper's Lonely Hearts Club Band*. "Sem *Pet Sounds*, *Sgt. Pepper* nunca teria acontecido", diz George Martin, produtor dos Beatles. "Pepper foi a tentativa de igualar *Pet Sounds*."

Esse vaivém criativo não teve por base uma competição comercial, mas um amor mútuo. E somos todos beneficiários dessa espiral ascendente rumo à grandeza.

Não existe nenhum sistema capaz de classificar qual obra reflete mais quem a criou. A grande arte é um convite que conclama os criadores do mundo inteiro a lutar por níveis ainda mais altos de brilhantismo.

Há outro tipo de competitividade que pode ser vista como um ganho infinito, que continua a se desenrolar no decorrer da vida do artista: a concorrência consigo mesmo.

Pense na autocompetição como uma busca por evoluir. O objetivo não é menosprezar nossas outras obras. É fazer com que as ideias avancem e sentir que está progredindo. É crescimento, não superioridade.

Nossa habilidade e nosso gosto podem evoluir e gerar obras distintas com o tempo, mas nenhuma delas pode ser considerada de maior ou menor qualidade do que outra. São instantâneos diferentes de quem somos e de quem fomos. Foi o melhor que pudemos fazer no momento em que foram criadas.

A cada novo projeto, nos desafiamos a refletir com mais beleza o que pulsa em nós naquela particular janela do tempo.

Nesse espírito de autocompetição, encarregue-se de avançar em direção ao inesperado. Não pare nem mesmo diante da grandiosidade. Aventure-se e vá além.

Essência

Todo o trabalho que fazemos, por mais intrincado que seja, tem uma essência subjacente. Uma identidade central ou estrutura fundamental, como o esqueleto que sustenta a carne. Alguns podem chamá-la de "serzice".

No desenho da criança, a casa pode ter uma janela, um telhado e uma porta. Se você tirar a janela e olhar o desenho, ainda será uma casa. Se tirar a porta, ainda será uma casa. Se tirar o telhado e as paredes externas, deixando a janela e a porta, não ficará claro se ainda é uma casa.

Da mesma forma, cada obra de arte tem uma característica exclusiva que lhe dá vida e a leva a ser o que é. Pode ser o tema, o princípio organizador, a essência do artista que somos, a qualidade do desempenho, o material, o clima transmitido ou uma combinação de elementos. Qualquer um deles pode ter seu papel na formação da essência.

Quando o escultor faz uma obra de pedra ou de argila, a experiência da obra é muito diferente. Mas uma obra de pedra e outra de argila podem ter a mesma essência.

A essência está sempre lá, e nossa tarefa na fase de Construção é não obscurecê-la. A essência da obra pode mudar do momento em que você começa até o momento em que termina. Ao refinar a obra, acrescentar elementos e alterar os elementos, uma essência nova e diferente pode surgir.

Às vezes, você ainda não conhece a essência quando se envolve no trabalho. Está apenas experimentando e brincando. Quando chega a algo de que gosta, talvez perceba qual é a essência.

Destilar a obra para chegar o mais perto possível da essência é uma prática útil e informativa. Observe quantos elementos você consegue remover antes que a obra que está criando deixe de ser o que demonstra ser.

Refine-a ao ponto da nudez, em sua forma menos decorativa, mas ainda intacta. Sem nada extra. Às vezes a ornamentação é útil; outras vezes não. Em geral, menos é mais.

Se tiver duas unidades que queira juntar, como duas frases ou duas partes de uma música, você pode ter um tremendo poder em mãos sem precisar usar uma transição. Tente encontrar a maneira mais simples e elegante de passar a mensagem com o mínimo de informação.

Se houver dúvida de que um elemento serve à peça, seria bom abandoná-lo. Alguns artistas ficam supersticiosos na hora de remover aspectos da obra, como se isso fizesse projeto a evaporar diante de seus olhos. Portanto, vale lembrar que tudo que é retirado pode ser reposto depois se necessário.

A perfeição é finalmente obtida não quando não há mais nada a acrescentar, mas quando não há mais nada a remover.
– Antoine de Saint-Exupéry, *Vento, areia e estrelas*

No fim,
a soma total da essência
de cada uma de nossas obras
serve de reflexão.
Quanto mais perto chegarmos
da real essência de cada obra,
mais cedo,
em algum momento,
ela dará pistas da nossa própria essência.

Apócrifos

⊙

Todo artista tem heróis.

Criadores com cuja obra nos conectamos, a cujos métodos aspiramos, cujas palavras prezamos. Esses talentos excepcionais parecem sobre-humanos, como personagens mitológicos.

A distância, o que sabemos ser verdadeiro?

Sem assistir à criação real da obra amada, é impossível saber o que verdadeiramente aconteceu. E se observarmos o processo com os próprios olhos, nosso relato será, no máximo, uma interpretação externa.

Em geral, as histórias sobre como as obras são feitas e os rituais dos artistas que as fazem são exagerados e, com frequência, pura ficção.

A obra de arte acontece naturalmente, por vontade própria. Podemos indagar de onde veio a ideia subjacente e como cada elemento foi montado para produzir tamanha obra-prima. Mas ninguém sabe como nem por que essas coisas acontecem. Com frequência nem quem as fez.

Nos casos em que o artista pensa que sabe, sua interpretação pode não ser exata nem dar conta da história toda.

Vivemos num mundo misterioso, cheio de incertezas. E com frequência fazemos suposições para explicá-lo. Aceitar a complexidade da experiência humana nos permite sair de nosso estado natural de confusão. Sobreviver.

Em geral, as explicações são palpites. Essas hipóteses vagas se tornam fixas como fatos na mente. Somos máquinas de interpretar, e esse processo de rotular e isolar é eficiente, mas não exato. Somos os narradores não confiáveis de nossa experiência.

Assim, quando um artista cria uma obra que é executada por uma mão invisível e o processo é analisado depois, o que obtemos são mais narrativas. É a história da arte. A realidade da arte é desconhecida para sempre.

Pensar nessas histórias pode ser interessante e divertido. Mas acreditar que um método específico seja responsável pela qualidade de uma obra é um engano. Principalmente se levar você a repetir o processo na esperança de obter um resultado semelhante.

Às vezes, personagens lendários da arte e da história são considerados divindades. É contraproducente nos medir em relação a eles, porque nunca existiram como tais. São seres com vulnerabilidades e defeitos humanos típicos, exatamente como nós.

Todo artista trabalha com o equilíbrio entre pontos fortes e fracos. E não há uma regra que determine que pontos fortes louváveis ou a autodestruição romantizada sejam equivalentes a uma arte mais bem produzida. Exprimir-se é tudo o que importa.

Toda arte é uma forma de poesia. Está sempre mudando, nunca é fixa. Podemos pensar que sabemos o que significa uma peça que fizemos, mas, com o tempo, essa interpretação muda. O criador deixa de ser aquele que criou assim que termina a obra. Ele se torna espectador. E o espectador pode levar à peça tanto significado quanto o próprio criador.

Nunca saberemos o verdadeiro significado de uma obra. É útil lembrar que estão em ação forças além de nossa compreensão. Vamos fazer arte, e que outros façam as histórias.

Lidamos com um reino mágico.
Ninguém sabe como nem por que funciona.

Desligar-se
(Vozes que enfraquecem)

(•)

Podemos levar anos, décadas até, para criar o primeiro projeto. Normalmente, ele se desenvolve no vácuo, de maneira corriqueira, numa conversa com nós mesmos.

Depois que o compartilhamos, podem aparecer influências externas. Surge o público, seja de amigos, seja de grandes grupos de desconhecidos. Indivíduos e empresas com interesses comerciais podem embarcar na ideia. E, quando começamos a trabalhar no próximo projeto, fortes vozes externas podem falar conosco nos bastidores e nos influenciar em diversas direções criativas. Exigem a obra agora, sem preocupação com a qualidade.

Quando entram na cabeça do artista, essas vozes – que ditam prazos, negócios, vendas e custos fixos, para além da atenção da mídia, da imagem pública, de toda a equipe envolvida no projeto, da manutenção da base de fãs e do aumento do público-alvo – prejudicam o seu foco. A intenção da arte pode então passar da autoexpressão ao autossustento do artista. De escolhas criativas a escolhas comerciais.

O segredo para transitar por essa fase da jornada artística é aprender a desligar-se. Impedir que as pressões externas entrem em nosso processo interno e interfiram no puro estado criativo.

É de grande ajuda recordar o pensamento cristalino que produziu a primeira obra e permitiu que o sucesso acontecesse originalmente.

Deixe de lado as preocupações comerciais e as necessidades dessas vozes externas. Mantenha-as fora da consciência enquanto parte em busca de sua melhor obra.

Quando você se concentra puramente na criatividade e trabalha num espaço sagrado, todos se beneficiam. E todas as outras prioridades são atendidas.

⊙

Em qualquer estágio da carreira, o crítico que existe dentro de sua cabeça pode se fazer ouvir. Ele repete que você não tem talento suficiente. Que sua ideia não é boa o bastante. Que a arte não é um investimento de tempo que valha a pena. Que o resultado não será bem recebido. Que você é um fracasso.

Ou pode haver uma voz contrária que lhe diz que tudo o que você faz é perfeito e você será o maior fenômeno que o mundo já viu.

Com muita frequência, essas são vozes externas que foram absorvidas no início da vida. Talvez de um pai, professor ou mentor crítico. Essas vozes não são suas. Internalizamos o julgamento de alguém. Assim, podem ser recebidas com a mesma indiferença que qualquer outra conversa aleatória.

Qualquer pressão que você venha a sentir em torno da obra

– vinda de dentro ou de fora – indica que é necessário fazer um autoexame. A meta do artista é se manter puro e desapegado. Evitar que o estresse, a responsabilidade, o medo ou a dependência de um resultado específico o distraiam. E, se distraírem, nunca é tarde demais para reiniciar.

O primeiro passo da limpeza é o reconhecimento. Observe-se sentindo o peso da autocrítica ou a pressão de atender a expectativas. E lembre-se que o sucesso comercial está completamente fora de seu controle. Só o que importa é que você está fazendo algo que ama, da melhor maneira que pode, aqui e agora.

Trabalhar para se libertar das vozes internas é um tipo de meditação. Por um período, deixe de lado todas as preocupações e diga: só vou me concentrar na prática de fazer uma grande obra.

Se alguma distração surgir nesse período, não a ignore nem se concentre nela. Não lhe dê nenhuma energia. Deixe que passe, como as nuvens que se separam em torno da montanha.

Dedicar-se regularmente a essa prática aumenta a força da intenção concentrada que você pode usar em tudo o que faz. Por fim, desligar-se das vozes prejudiciais e perder-se no trabalho não será um ato de vontade, mas uma habilidade conquistada.

Consciência de si

⊙

Quando éramos crianças, poucos aprendemos a entender e priorizar os sentimentos. Em geral, o sistema educacional não nos pede que acessemos a sensibilidade, mas que sejamos obedientes. Que façamos o que é esperado. Nosso espírito independente natural é domado. O pensamento livre é restringido. Há um conjunto de regras e expectativas que nos é imposto e que não visa a explorar quem somos nem aquilo de que somos capazes.

O sistema não existe para o nosso benefício. Ele nos prende como indivíduos para sustentar sua existência contínua. Isso é muito prejudicial ao pensamento independente e à livre expressão. Como artistas, nossa missão não é nos encaixarmos nem nos adaptarmos ao pensamento popular. Nosso propósito é valorizar e desenvolver o entendimento de nós mesmos e do mundo que nos cerca.

Ter consciência de si é ter capacidade de estar em sintonia com o que pensamos, como nos sentimos e quanto sentimos, sem interferência. Notar como notamos o mundo externo.

A capacidade bem sintonizada de expandir e refinar a autoconsciência é o segredo para fazer obras reveladoras. Às vezes, há muitas versões do muito bom. Como saber quando chegamos à grandeza?

A autoconsciência nos permite escutar o que acontece dentro do corpo e notar as mudanças energéticas que nos puxam à frente ou nos empurram para longe. Às vezes são sutis, outras vezes, intensas.

Nossa definição de autoconsciência como artistas está diretamente ligada ao modo como nos sintonizamos com a experiência interior, não a forma como somos reconhecidos externamente. Quanto mais nos identificamos com o nosso eu que existe através do olhar dos outros, mais desconectados nos tornamos e menos energia temos para aproveitar.

Nos esforçamos para alcançar uma consciência mais elevada. Abrimos mão do apego ao suposto eu e das nossas limitações. Buscamos não nos definir, mas nos expandir, entrar em sintonia com a nossa natureza sem limites e a conexão com tudo o que existe.

A autoconsciência é uma transcendência. Um abandono do ego. Um deixar sair.

Essa noção parece fugidia porque, no mesmo fôlego, inclui entrar em sintonia com o eu e abandoná-lo. Mas essas duas coisas não são tão contraditórias quanto parecem. Como artistas, estamos na busca contínua de nos aproximar do Universo nos aproximando do eu. De chegar cada vez mais perto, a ponto de não sabermos mais onde começa um e termina o outro. Estamos numa jornada metafísica distante, do aqui para o agora.

É útil trabalhar como se o projeto com que você se engajou fosse maior do que você.

Bem diante dos olhos

Às vezes, os artistas se sentem estagnados. Têm um bloqueio. Não é porque o fluxo de criatividade tenha cessado. Ele não para. Essa energia geradora é incessante. Pode ser apenas que tenhamos escolhido não nos envolver com ela.

Pense no impasse artístico como outro tipo de criação. Um bloqueio feito por você. Uma decisão, consciente ou inconsciente, de não participar da torrente de energia produtiva que está disponível para nós o tempo todo.

Quando nos sentimos sufocados, podemos criar uma oportunidade por meio da entrega. Se deixarmos de lado os pensamentos analíticos, talvez o fluxo encontre com mais facilidade um caminho até nós. Podemos ser e fazer em vez de pensar e tentar. Crie no presente em vez de prever o futuro.

Sempre que nos entregamos, podemos descobrir que a resposta que buscamos está bem diante dos nossos olhos. Uma nova ideia surge. Um objeto na sala inspira. Sensações do corpo se amplificam.

Vale a pena pensar nisso em momentos difíceis em que parecemos presos, perdidos no caminho, sem ter mais nada a dar.

E se tudo isso for uma história?

Fique atento, contudo, para não abandonar prematuramente um projeto porque se entregou ao pensamento de tudo ou nada. Já vi vários artistas começarem projetos e jogá-los fora por essa mesma razão. É fácil criar uma peça, reconhecer uma falha e querer descartar a obra inteira. Esse reflexo acontece em todas as áreas da vida.

Quando olhar a obra, treine para ver realmente o que há lá, sem viés negativo. Abra-se para ver os pontos fortes e fracos em vez de se concentrar nos fracos e permitir que superem os fortes. Talvez você perceba que 80% da obra é bastante boa e, se os outros 20% se encaixarem direitinho, a obra se tornará magnífica. Isso é muito melhor do que jogar a obra fora porque uma parte pequena não aponta para um ajuste perfeito. Quando você admitir que há um ponto fraco, considere como ele pode ser removido ou melhorado antes de descartar a peça inteira.

E se a fonte de criatividade estiver sempre lá, batendo com paciência às portas da percepção, à espera de abrirmos as trancas?

Se estiver aberto e em sintonia
com o que está acontecendo,
as respostas se revelarão.

Um sussurro fora de hora

⊙

É comum o artista questionar o peso de suas ideias.

Um processo criativo de cinco anos pode ter começado com um momento passageiro em sonho ou uma observação entreouvida num estacionamento. Em retrospecto, essa semente minúscula que nos levou por um caminho sinuoso pode ser insignificante. Podemos ponderar se é grande o bastante ou se a direção tem importância suficiente para continuarmos viajando.

Quando coletamos sementes para começar a obra, ficamos tentados a procurar um sinal inequívoco antes de nos comprometermos. Um trovão que nos garanta que achamos o caminho certo. Podemos descartar ideias que parecem não ter grande importância ou magnitude.

Mas o tamanho não importa. Volume não é igual a valor.

Não podemos pesar o material da Fonte com base no impacto inicial que causa ao chegar. Às vezes, a menor semente se transforma na maior árvore. A ideia mais inocente pode levar ao texto mais relevante. Ideias triviais podem abrir as portas de vastos mundos novos. A mensagem mais delicada pode ser importantíssima.

Mesmo que não passe daquilo que notamos – uma percepção momentânea, um pensamento inesperado, até o eco de uma lembrança –, a semente já basta.

Com muita frequência, as sugestões de inspiração e a direção da Fonte são pequenas. Parecem sinais minúsculos que percorrem o vácuo do espaço, silenciosos e sutis, como um sussurro.

⊙

Para ouvir sussurros, a mente tem de estar quieta. Prestamos muita atenção em todos os lados. Nossas antenas se sintonizam sensivelmente.

Aumentar nossa receptividade exige um relaxamento. Se estivermos tentando resolver um problema, ficar *tentando* pode atrapalhar. Chapinhar num lago agita nuvens de impureza na água límpida. Quando relaxamos a mente, podemos ter mais clareza para ouvir o sussurro quando ele vier.

Para além de meditar, podemos sustentar suavemente uma pergunta e caminhar, nadar ou dirigir. A pergunta não está sendo elaborada, só mantida frouxamente na consciência. Nós a lançamos com gentileza no Universo e nos abrimos para receber a resposta.

Às vezes, as palavras parecem vir de fora; outras vezes, de dentro de nós mesmos. Mas não importa a rota pela qual a informação chegue; permitimos que venha pela graça, não pelo esforço. O sussurro não pode ser forçado a existir; só é bem recebido com a mente aberta.

Espere uma surpresa

Se prestarmos bastante atenção, podemos notar que algumas escolhas artísticas muito interessantes acontecem por acaso. Brotam de momentos de comunhão com a obra, quando o eu desaparece. Às vezes, parecem erros.

Esses erros são o inconsciente envolvido na solução de problemas. São um tipo de ato falho freudiano em que sua parte mais profunda supera a intenção consciente e oferece uma solução elegante. Se lhe perguntarem como aconteceu, você talvez diga que não sabe. A resposta só lhe veio naquele momento.

Com o tempo, nos acostumamos a vivenciar situações que não sabemos explicar. Instantes em que damos à arte exatamente o que ela precisa sem ter a intenção, em que a solução parece surgir sem qualquer intervenção nossa.

Com o tempo, aprendemos a contar com uma mãozinha do desconhecido.

Para alguns artistas, ser surpreendido é uma experiência rara. Mas é possível cultivar esse tipo de dom.

Um modo é deixar de lado o controle que você tem de tudo. Abra mão das expectativas sobre como será a obra. Aborde o processo com humildade, e o inesperado acontecerá com mais frequência. Muitos de nós aprendemos a criar por pura força de vontade. Se escolhermos ceder, as ideias que querem passar através de nós não serão bloqueadas.

É como escrever um livro seguindo um esboço detalhado. Tente não ficar preso ao esboço, escrever sem mapa, e veja o que acontece. A premissa com que você começou pode se desenvolver como outra ideia. Algo que você não conseguiria planejar e que nunca surgiria se ficasse travado e seguisse um roteiro específico.

Com a intenção determinada e o destino aberto, você fica livre para desistir da mente consciente, mergulhar na torrente furiosa da energia criativa e observar o inesperado surgir, várias e várias vezes.

Enquanto cada pequena surpresa leva a outra, logo se descobre a maior de todas: você aprende a confiar em si mesmo – no Universo, como um canal exclusivo de sabedoria mais elevada.

Essa inteligência está além de nossa compreensão. Por intermédio da graça, é acessível a todos.

Viver na descoberta é sempre preferível
a viver cheio de suposições.

Grandes expectativas

⊙

Quando começamos um novo projeto, é comum sentir ansiedade. Ela é aquela visita inesperada que chega a quase todos nós, não importa se somos experientes, bem-sucedidos ou bem-preparados.

Ao enfrentar o vazio, há uma tensão de opostos. Há a empolgação com a possibilidade de realizar algo grande e o medo de que não se consiga ir além. E o resultado não está nas nossas mãos.

O peso das expectativas pode ser bem expressivo. Assim como o medo de não estarmos à altura da tarefa. E se dessa vez não conseguirmos?

O que ajuda a lidar melhor com essas preocupações e avançar é a confiança no processo.

Quando nos sentamos para trabalhar, lembramos que o resultado não depende exclusivamente de nós. Se nos dispusermos a dar cada passo no desconhecido com garra e determinação, levando conosco todo o conhecimento que coletamos, chegaremos ao ponto final. Esse destino, porém, pode não ser o que escolhemos com antecedência. É até provável que seja mais interessante.

Essa não é uma questão de crença cega em si mesmo. É uma questão de fé experimental.

Você não trabalha como o evangelista que espera milagres, mas como o cientista que testa, ajusta e volta a testar. Experimenta e vai construindo com base nos resultados. A fé é recompensada, talvez ainda mais que o talento ou a habilidade.

Afinal de contas, como oferecer à arte o que ela precisa sem confiança cega? Exigem-nos que acreditemos em algo que não existe para permitirmos que venha a existir.

⊙

Quando ainda não sabemos para onde vamos, avançamos no escuro em vez de aguardar. Se nada que tentarmos gerar progresso, depositamos a esperança na força de vontade e na fé. Podemos dar vários passos para trás até que possamos seguir em frente.

Se tentarmos dez experimentos e nenhum deles der certo, temos algumas alternativas para definir o insucesso. Podemos levar para o lado pessoal, pensar que somos um fracasso e questionar nossa capacidade de resolver o problema. Ou podemos reconhecer que eliminamos dez maneiras que não funcionaram e, assim, estaremos muito mais perto da solução. Para o artista, cujo trabalho é testar possibilidades, o sucesso pode ser tanto eliminar uma solução quanto encontrar uma que dê certo.

No processo de experimentação, nos permitimos cometer erros, ir longe demais, ir ainda mais além, ser ineptos. Não há falha, pois cada passo que damos é necessário para chegar ao destino, inclusive um passo errado. Cada experimento é valioso a seu modo se aprendermos algo com ele. Mesmo quando não compreendemos seu valor, ainda praticamos o nosso ofício e chegamos cada vez mais perto da maestria.

Com fé inabalável, trabalhamos com o pressuposto de que o problema já está resolvido. A resposta está por aí, talvez seja óbvia. Só não a encontramos ainda.

Com o tempo, conforme mais projetos chegam ao fim, a fé na experimentação cresce. Você é capaz de manter altas expectativas, avançar com paciência e confiar no desdobramento misterioso à sua frente. Com a compreensão de que o processo levará você aonde quiser ir. Onde quer que esse caminho se revele estar. E a natureza mágica do desdobramento nunca deixa de nos tirar o fôlego.

Às vezes são os erros
que tornam a obra grande.
A humanidade respira erros.

Abertura

A mente busca regras e limites. Quando tentamos percorrer um mundo vasto e incerto, desenvolvemos crenças que nos dão um arcabouço coerente, opções reduzidas e a falsa sensação de certeza.

Antes da civilização, o mundo natural era muito mais perigoso. Para sobrevivermos, tivemos de avaliar situações e interpretar informações rapidamente.

O instinto de sobrevivência persiste até hoje. Com a quantidade esmagadora de informações disponíveis, recorremos mais do que nunca a classificação, rotulagem e atalhos. Poucos têm tempo e preparo para avaliar cada nova escolha com a mente completamente aberta e sem vieses. A sensação de segurança surge quando escolhemos encolher o mundo para torná-lo mais controlável.

O artista não valoriza, porém, a segurança e a pequenez. Reduzir a paleta para se encaixar no perímetro de crenças limitadas sufoca a obra. Novas possibilidades criativas e fontes de inspiração acabam por bloquear a visão. Se o artista tocar a mesma nota sempre, a plateia vai acabar perdendo o interesse por sua música.

Há um embotamento na mesmice. Em determinado ponto da jornada, a mente se torna mais resistente a novos métodos ou novos estilos de expressão. Com o tempo, uma rotina antes útil se transforma num modo fixo e estreito de trabalhar. Para romper essa mentalidade, devemos tentar nos suavizar, nos tornar mais porosos, para deixar mais luz entrar.

Com o intuito de manter a produção artística em constante evolução, é preciso que você reabasteça continuamente o recipiente de onde ela vem. E amplie o seu ponto de vista.

Adote crenças diferentes das suas e tente enxergar além de seu próprio filtro. Experimente deliberadamente ir além das fronteiras de seus gostos. Examine abordagens que você desdenharia como intelectuais ou incultas demais. O que podemos aprender com esses extremos? Quais são as surpresas inesperadas? Qual porta fechada se abriria em sua obra?

Pense em expandir essa prática para os relacionamentos. Quando o feedback ou o método de um colaborador parecer questionável e estiver em conflito com sua configuração padrão, reformule-a para que seja uma oportunidade emocionante. Faça todo o possível para ver do ponto de vista do outro e entendê-lo em vez de defender o seu. Além de resolver o problema em questão, você pode descobrir algo novo sobre si mesmo e tomar consciência dos limites que o prendem ao ponto em que se encontra.

O coração da mente aberta é a curiosidade. A curiosidade não tem lado nem insiste numa única maneira de fazer as coisas. Ela explora todos os pontos de vista. Está sempre aberta a novos caminhos, em busca de alcançar ideias originais. Com fome de expansão constante, olha os limites externos com admiração. Força-se a expor os limites falsamente estabelecidos e os rompe até ver novas fronteiras.

⊙

Um problema artístico acontece quando algo entra em conflito com as nossas crenças do que é ou não é aceitável. Ou com as nossas expectativas em relação ao que possa acontecer.

Uma música, por exemplo, começa a se desviar de nosso suposto gênero. Um pintor se dá conta de que está sem um determinado tipo de tinta. Um diretor de cinema encontra um defeito no equipamento do estúdio.

Quando algo não acontece segundo os planos, temos a opção de resistir ou de incorporar o problema.

Em vez de abrir mão do projeto ou expressar frustração, podemos pensar no que se pode fazer com o material disponível. Quais soluções podemos improvisar? Como redirecionar o fluxo?

Pode haver um propósito benéfico por trás do problema atual. Talvez o Universo esteja nos conduzindo a uma solução ainda melhor.

Não há como saber.

A saída é nos deixar fluir com os desafios que chegam e manter a mente aberta, sem tantas considerações, sem história pregressa que possamos seguir. Partimos de um lugar neutro, permitimos que o processo se desenvolva, e acolhemos os ventos da mudança para guiar o nosso caminho.

Muita gente parece emparedada.
Mas às vezes as paredes oferecem
modos diferentes de olhar
por cima e em torno dos obstáculos.

Cercar o relâmpago

⊙

Uma explosão de informações chega em momentos de inspiração. Mas como evitar que fiquemos sempre à espera desses relâmpagos de criatividade? Alguns artistas vivem como caçadores de tempestades, que alimentam o desejo de ver raios espontâneos, tudo em nome da emoção.

Uma estratégia mais produtiva é se concentrar menos no relâmpago e mais nos espaços que o cercam. O espaço antes, porque o raio só cai quando as condições corretas existem, e o espaço depois, porque a eletricidade se dissipa se você não a capturar e usar. Quando somos atingidos por uma epifania, nossa experiência do que é possível se expande. Nesse instante, estamos abertos ao novo. Entramos em outra realidade. Mesmo quando saímos desse estado de expansão, percebemos que, às vezes, a experiência permanece dentro de nós. Outras vezes, é passageira.

Se o raio cair, e essa informação for canalizada através do éter até nós, o que se segue é uma grande quantidade de trabalho prático. Embora não possamos comandar a chegada do relâmpago, podemos controlar o espaço que o cerca. Conseguimos fazer isso nos preparando com antecedência e depois honrando nossa obrigação para com ele.

Se o raio não cair, nossa obra não precisa ser adiada. Alguns caçadores de tempestade acreditam que a inspiração precede a criação. Nem sempre é assim. Trabalhar sem relâmpagos é simplesmente trabalhar. Como carpinteiros, nos apresentamos todos os dias ao chefe e fazemos o serviço. Os escultores sovam a argila, varrem o chão do estúdio e o trancam à noite. Os designers gráficos se sentam diante do computador, selecionam imagens, escolhem fontes, criam layouts e clicam *Salvar*.

Em última análise, os artistas são artesãos. Às vezes, nossas ideias vêm como relâmpagos. Outras vezes, por esforço, experimentação e criação. Enquanto trabalhamos, podemos notar conexões e nos surpreender com a maravilha do que é revelado através do próprio fazer. De certo modo, esses pequenos momentos *arrá!* são outro tipo de relâmpago. Menos vívidos, mas ainda assim iluminam nosso caminho.

⊙

O relâmpago pode ser um fenômeno temporário, uma expressão momentânea do potencial cósmico. Nem toda ideia inspirada se destina a se transformar em uma grande obra de arte. Às vezes, o relâmpago vem e não temos o que fazer com ele. Um momento de inspiração nos incita a começar uma longa exploração para descobrir sua forma prática e, então, nos leva a um beco sem saída.

Portanto, a única maneira de descobrir é se envolver de todo o coração no trabalho. Sem diligência, a inspiração sozinha raramente gera obras de muita importância. Em alguns projetos, a inspiração é mínima, e o esforço assume o controle. Em outros, a inspiração vem, e o esforço necessário para manifestar seu potencial não pode ser invocado.

Talvez nem sempre a grande arte exija grande esforço, mas, sem ele, nunca saberemos. Se a inspiração chamar, surfamos o relâmpago até a energia se exaurir.

A viagem pode não ser longa. Mas ficamos gratos pela oportunidade. Se a inspiração não aparecer para mostrar o caminho, seguimos mesmo assim.

Faça o que pode
com o que tem.
Nada mais é necessário.

Vinte e quatro horas ininterruptas

◉

O trabalho do artista nunca tem fim.

Em muitas ocupações, quando vamos para casa, deixamos o trabalho no escritório. O artista está sempre de plantão. Mesmo depois de horas absorvidos com o nosso ofício, o relógio continua a andar.

Isso acontece porque o ofício do artista pode ser de dois tipos:

O trabalho de fazer.

O trabalho de ser.

A criatividade é algo que você é, não algo que você faz. É um modo de estar no mundo, a cada minuto, a cada dia. Se não for movido por um padrão irreal de dedicação, este pode não ser o caminho certo para você. Grande parte da obra do artista trata de equilíbrio, e é irônico que esse estilo de vida deixe pouco espaço justamente para viver.

Quando você aceita as exigências, o trabalho criativo se torna uma parte sua. Mesmo no meio de um projeto, você procura ideias novas todos os dias. A qualquer momento, se dispõe a parar o que está fazendo para fazer uma anotação, um desenho ou registro de um pensamento passageiro. Torna-se automático. E estamos sempre a postos, todas as horas do dia.

Permanecer nisso significa o compromisso de se manter aberto ao que está à sua volta. Prestar atenção e escutar. Procurar conexões e relações no mundo exterior. Buscar a beleza. Procurar histórias. Notar o que é interessante para você, o que o atrai. E saber que tudo está disponível para você usar na próxima vez em que se sentar para trabalhar, quando dará forma aos dados brutos.

Não há como dizer de onde virá a próxima grande ideia de história, quadro, receita, negócio. Assim como o surfista não controla as ondas, os artistas estão à mercê dos ritmos criativos da natureza. Por isso é muito importante se manter consciente e presente o tempo todo. Observar e aguardar.

Talvez a melhor ideia
seja aquela que você
terá hoje à noite.

Espontaneidade
(Momentos especiais)

⊙

A canção que vem à mente totalmente formada.
As espirais impulsivas de um Jackson Pollock.
O passo de dança espontâneo que preenche o chão.

Os artistas podem valorizar obras espontâneas e achar que há maior pureza ou excepcionalidade nas obras criadas instintivamente, e nas cuidadosamente programadas.

Mas você sabe a diferença entre a arte que brotou na mente e a que foi planejada? E por que essa diferença importa?

A arte feita de forma acidental não tem mais nem menos peso que a arte criada com esforço e suor.

Pouco importa se levou meses ou minutos. A qualidade não se baseia no tempo investido. Se aquilo que emergir for agradável para nós, a obra terá cumprido seu propósito.

A história da espontaneidade pode ser enganosa. É claro que não podemos enxergar a prática e a preparação necessárias a um artista para criar uma obra sem artificialismos. Todas as obras contêm uma vida inteira de experiências.

É frequente os grandes artistas trabalharem para que a obra pareça ter sido criada sem esforço algum. Às vezes, podem passar anos elaborando e refinando meticulosamente um determinado produto para que passe a impressão de ter sido feito num único dia ou num momento de inspiração.

Há outros que romantizam o planejamento e a preparação. Para eles, a obra espontânea tem menos valor. Parece mais o resultado da boa sorte do artista do que do talento em si.

Considere a neutralidade. Dedique-se à obra e perceba o que sai de sua inspiração. Se gostar do resultado, aceite-o com elegância, quer chegue num relâmpago súbito, quer depois de longas crises de trabalho difícil e habilidoso.

Para alguns artistas, a obra é criada com facilidade. Bob Dylan escrevia canções em questão de minutos, enquanto Leonard Cohen levava às vezes anos. Podemos amar as canções do mesmo modo.

Não há padrão nem lógica nesse processo enigmático. Não há dois projetos idênticos, como não há duas pessoas iguais. O projeto é o guia que seguimos. E cada um tem suas próprias condições e exigências.

⊙

Se você for um artista cujo processo tem base intelectual, pode ser interessante brincar com a espontaneidade como ferramenta, uma janela de descoberta e um ponto de acesso a novas áreas que existem dentro de si mesmo.

O apego a qualquer processo criativo pode trancar a porta pela qual a espontaneidade sai. Mesmo que por pouco tempo, pode ser bom deixar essa porta um pouquinho aberta. Você pode fazer esse experimento para permitir que a surpresa da descoberta venha.

Quando se senta para escrever sem qualquer plano ou preparo, você contorna a mente consciente e bebe do inconsciente. Talvez descubra que o que surge tem uma carga que não pode ser reproduzida por meios racionais.

Essa abordagem está no âmago de algumas formas de jazz. As ideias preconcebidas de qual música tocar podem impedir que a apresentação alce voo quando os músicos tentam improvisar uma peça. A meta é permitir que a música, em essência, toque a si mesma. E assim aceitar os riscos. A apresentação será boa numa noite boa, ruim numa noite ruim. Talvez os melhores músicos de jazz sejam aqueles cuja habilidade é criar momentos especiais com razoável frequência. Até a espontaneidade melhora com a prática.

Talvez você tema que uma grande ideia se perca ou não seja vista na espontaneidade do momento. Para me proteger disso, faço intermináveis anotações quando trabalho com um artista. Quando vêm ao estúdio, muitos observadores externos não acreditam em como o processo é clínico. Imaginam uma grande festa musical. Mas fazemos anotações constantes e detalhadas sobre pontos focais e experimentos a serem testados. Para quase tudo o que é dito há alguém escrevendo. Duas semanas depois, chegará a hora em que alguém vai perguntar algo como *Qual foi aquela letra que adoramos? Como era a versão anterior desse elemento? Qual foi o melhor take da transição do segundo estribilho?* E voltamos às anotações.

Um grande volume de material é gerado constantemente. Apesar disso, como estamos mergulhados em um momento específico, é impossível nos lembrarmos de tudo, até do que aconteceu segundos atrás. Quando chegamos ao fim da música, eu estou tão absorto na escuta que os pensamentos evaporam. Assim, as anotações fiéis de um observador conectado ajudam a impedir que os momentos especiais se percam no calor da empolgação.

Às vezes,
o momento mais ordinário
cria a arte extraordinária.

Como escolher

Toda peça artística consiste em uma série de escolhas, como uma árvore com muitos galhos.

Nosso trabalho começa com uma semente que faz brotar o tronco da ideia central. Enquanto ela cresce, cada decisão que tomamos se torna um galho que se divide numa nova direção, se tornando cada vez mais fino nos detalhes conforme avançamos.

Em cada bifurcação, podemos tomar este ou aquele sentido, e a escolha alterará o resultado. Em geral, radicalmente.

Como decidir qual direção tomar? Como saber qual escolha nos levará à melhor versão possível da obra?

A resposta está enraizada no princípio universal das relações. Só podemos dizer onde algo está em relação a outra coisa. E só podemos analisar um objeto ou princípio se tivermos algo com que compará-lo e contrastá-lo. Caso contrário, não haveria como fazer uma mera avaliação.

Podemos aproveitar esse princípio para melhorar nossas criações com o teste A/B. É difícil avaliar uma obra ou uma escolha por si só sem algum ponto de referência. Se você puser duas opções lado a lado e fizer uma comparação direta, a preferência se mostrará clara.

Sempre que possível, limitamos duas opções para cada teste. Mais do que isso nubla o processo. Quando preparamos um prato, por exemplo, podemos testar duas variedades do mesmo ingrediente para decidir qual usar. Dois atores leem o mesmo monólogo, olhamos dois tons da mesma cor ou duas plantas diferentes para um apartamento – essa é a ideia.

Colocamos as alternativas lado a lado, recuamos e as comparamos diretamente. Na maioria das vezes, haverá uma escolha precisa de uma das opções.

Se não houver, nos aquietamos para ver qual delas exerce uma atração sutil. Quando seguimos o feedback natural do corpo, nos movemos na direção daquela que mais sugere o êxtase.

Sempre que possível, faça o teste A/B às cegas. Esconda o máximo de detalhes de cada opção para remover qualquer viés que prejudique a comparação justa. Por exemplo, alguns músicos preferem a gravação analógica à digital. Vale a pena gravar com os dois métodos e depois imaginar um modo de escutar cada um deles sem nenhuma indicação de qual é qual. Às vezes os artistas se surpreendem com sua preferência.

Se estiver num impasse com um teste A/B, considere tirar cara ou coroa. Decida qual opção será cara, qual será coroa e jogue a moeda. Quando a moeda estiver girando no ar, é provável que você observe uma preferência ou um desejo silencioso por uma delas. Por qual delas você torce? Essa é a opção a escolher. É a que o coração deseja. O teste acaba antes que a moeda caia.

Quando testar, não racionalize em excesso seus critérios. Procure aquele primeiro instinto, a reação reflexa antes de qualquer pensamento. O puxão instintivo tende a ser o mais puro, enquanto o segundo pensamento mais racional tende a ser processado e distorcido pela análise.

A meta é desligar a mente consciente e seguir o impulso. As crianças são extremamente boas nisso. Podem passar por diferentes expressões espontâneas de emoção num só minuto, sem julgamento ou apego. Quando crescemos, nos ensinam a esconder ou enterrar essas reações. Isso cala nossa sensibilidade interior.

Se tivermos de aprender alguma coisa, que seja a nos libertar de qualquer crença, bagagem ou dogma que atrapalhe a ação condizente com nossa verdadeira natureza. Quanto mais perto chegarmos do estado infantil de autoexpressão livre, mais puro o teste e melhor a arte.

⊙

Uma vez concluída a obra, não há qualquer quantidade de testes capaz de garantir que fizemos a melhor versão possível. Essas qualidades não são mensuráveis. Testamos para identificar qual é a melhor versão entre as opções disponíveis.

Não importa a rota que você siga. Se terminar a jornada, chegará ao mesmo destino. Esse destino é uma obra que sentimos vontade de compartilhar. Quando olhamos em retrospecto, indagamos com espanto como fomos capazes de criá-la.

Tons e graus

⊙

Na criação artística, as proporções são enganosas.

Duas sementes de inspiração talvez pareçam indistintas, mas uma pode gerar muito e a outra, quase nada. O que começa como um relâmpago talvez não produza uma obra que reflita sua magnitude inicial, enquanto uma humilde centelha pode crescer e se tornar uma obra-prima.

Na criação, o tempo que investimos e o resultado que obtemos raramente estão em equilíbrio. Um grande movimento pode se materializar de uma só vez; um detalhe minúsculo pode levar dias. E não há como prever o papel que cada um terá no resultado.

Outra faceta surpreendente do processo é que o menor dos detalhes pode definir com clareza a obra. Pode determinar se a peça é estimulante ou lânguida, acabada ou inacabada. Damos uma pincelada, uma mexida na mistura – e, de repente, a obra salta de metade do caminho andado para concluída. Quando isso acontece, parece um milagre.

Em última análise, o que torna uma obra representativa é a soma total dos menores detalhes. Do começo ao fim, tudo tem tons e graus. Não há escala fixa. Não pode haver, porque às vezes os menores elementos são os que mais pesam.

Quando a obra tem cinco erros,
ainda não está terminada.
Quando tem oito erros,
talvez esteja.

Consequências
(Propósito)

Você pode pensar: por que estou fazendo isso? Para que isso tudo?

Perguntas como essas martelam a cabeça de alguns artistas desde sempre. Outros, porém, passam a vida toda sem nunca se perturbar com esse tipo de pensamento. Talvez saibam que o criador e o explicador são sempre pessoas diferentes, ainda que ocupem o mesmo corpo.

No fim, essas perguntas têm pouca importância. Não é preciso haver nenhum propósito para guiar o que escolhemos fazer. Quando examinada mais de perto, a ideia grandiosa pode ser inútil. Isso significa que temos mais sabedoria do que imaginamos.

Quando gostamos do que criamos, não precisamos ter as respostas aos porquês. Às vezes as razões são óbvias; outras vezes não. E elas podem mudar com o tempo. A obra pode ser boa por mil razões diferentes. Quando fazemos o que amamos, nossa missão está cumprida. Não há absolutamente nada a descobrir.

Pense:
Só estou aqui para criar.

Liberdade

⊙

O artista tem responsabilidade social?

Alguns podem concordar com essa noção e incentivar os artistas a criar de acordo com ela.

Os que têm essa crença talvez não entendam com clareza a função da arte na sociedade e seu valor social intrínseco.

A obra de arte serve a seu propósito, seja qual for o interesse do criador em relação à responsabilidade social. Querer mudar a ideia dos outros sobre uma questão ou causar um efeito na sociedade interfere com a qualidade e a pureza da obra.

Isso não quer dizer que a obra não possa ter essas qualidades, mas em geral não é planejada desse modo. No processo criativo, é mais difícil cumprir uma meta quando miramos nela.

Decidir o que dizer com antecedência não permite que o melhor esteja por vir. O significado é atribuído quando uma ideia inspirada é seguida até o fim.

É melhor esperar a obra estar pronta para descobrir o que ela tem a dizer. Torná-la refém do significado é uma limitação.

Em geral, as obras que tentam pregar abertamente uma mensagem não se conectam como deveriam, enquanto a peça que não pretendia abordar um mal social pode se tornar um hino da causa revolucionária.

A arte é muito mais poderosa que nossos planos para ela.

⊙

A arte não pode ser irresponsável. Ela fala a todos os aspectos da experiência humana.

Todos nós temos lados que não são bem-vindos na sociedade civilizada, pensamentos e sentimentos sombrios demais para revelar. Quando os reconhecemos expressos na arte, nos sentimos menos sós.

Mais reais, mais humanos.

Esse é o poder terapêutico de fazer e consumir arte.

A arte está acima e além do julgamento. Ela fala com você ou não.

A única responsabilidade do artista é com a própria obra. Não há outros requisitos. Somos livres para criar o que quisermos.

Você não tem de defender sua obra, sua obra não tem de defender nada além de si mesma. Você não é um símbolo dela. E ela não é necessariamente simbólica do artista. Ela será interpretada e reinterpretada pelos olhos e ouvidos dos que não sabem quase nada sobre você.

Se há alguma coisa a defender, é a autonomia criativa. De censores externos, das vozes em sua cabeça que internalizaram o que é considerado aceitável. O mundo é tão livre quanto permite que seus artistas sejam.

O que dizemos,
o que cantamos,
o que pintamos...
nós podemos escolher.

Não temos responsabilidade
por nada além da própria arte.
A arte é a palavra final.

O atormentado

Em filmes e livros, é comum retratar os artistas como gênios atormentados. Famintos, autodestrutivos, dançando à beira da loucura.

Isso inspirou a ideia de que, para fazer arte, é preciso estar destruído. Ou que a força da arte é tão poderosa que destrói seu criador.

Nenhuma generalização é verdadeira. Essas concepções errôneas têm um efeito desanimador sobre o futuro artista. Alguns criadores convivem com uma escuridão profunda. Outros avançam com facilidade e exuberância. No meio, há uma ampla variedade de temperamentos artísticos.

Para aqueles que foram chamados à arte e lutam com uma sensibilidade avassaladora, o processo criativo pode ter uma energia terapêutica. Ele oferece uma sensação de conexão profunda. Um lugar seguro para declarar o indizível e desnudar a alma. Nesses casos, a arte não desfaz seu criador, mas o torna íntegro.

Embora o caráter do artista atormentado tenda a viver mais na mitologia do que na realidade, isso não significa que a arte seja fácil. Ela exige o desejo obsessivo de criar grandes obras. Essa busca não precisa ser angustiante. Pode ser estimulante. A escolha é sua.

Quer você tenha uma paixão poderosa, quer uma compulsão atormentada, nada disso torna a arte melhor nem pior. Se você for capaz de escolher entre esses caminhos, pense em selecionar o mais sustentável. O artista ganha esse título pela simples autoexpressão, pois trabalha a seu próprio modo, em seu próprio ritmo.

A superstição que funciona

Uma compositora escreveu todas as suas músicas na mesma sala desarrumada de um velho edifício comercial. Nada lá é mexido há trinta anos, e ela se recusa a permitir que a limpem. O segredo está naquela sala, diz ela.

A compositora acredita nisso, e essa crença funciona para ela.

Charles Dickens carregava uma bússola para ter certeza de sempre dormir virado para o norte. Ele acreditava que o alinhamento com as correntes elétricas da Terra sustentava a criatividade. Dr. Seuss tinha uma estante com uma porta falsa que escondia centenas de chapéus incomuns. Ele e seu editor escolhiam um chapéu cada um e olhavam um para o outro até a inspiração vir.

Essas histórias podem ser verdadeiras ou não. Não importa. Se um ritual ou uma superstição tem um efeito positivo sobre a obra do artista, vale a pena manter.

Os artistas criam de todas as maneiras possíveis: em extremos de caos e ordem, no ponto de encontro de diversos métodos. Não há hora certa, estratégia certa, equipamento certo.

Talvez seja útil receber conselhos de artistas mais experientes, mas a título de informação, não como receita. Esses conselhos podem abrir nossa mente para outro ponto de vista e expandir a ideia do que é possível.

Em geral, os artistas já estabelecidos aproveitam sua experiência pessoal e recomendam as soluções que funcionaram para eles. Mas as soluções tendem a ser específicas da jornada deles, não propriamente da sua. Vale lembrar que o método deles não é *o* método.

O caminho que você tem a percorrer é singular, você é o único a segui-lo. Não há uma rota única para a grande arte.

Isso não significa ignorar a sabedoria dos outros. Receba a sabedoria com habilidade. Experimente-a e veja se ela cabe no seu cotidiano. Incorpore o que for útil. Abandone o resto. E, por mais digna de crédito que seja a fonte, teste e ajuste para descobrir o que funciona para você.

A única prática que importa é a que você pratica constantemente, não a de outros artistas. Encontre o método mais promissor, aplique-o e se esqueça dele quando não tiver mais uso. Não há jeito errado de fazer arte.

Adaptação

⊙

Algo peculiar acontece quando praticamos arte.

Quando aprendemos uma música, por exemplo, costumamos tocá-la muitas e muitas vezes. Ela se torna um pouco mais fácil, depois um pouco mais difícil, depois um pouco mais fácil novamente. Então paramos e a retomamos após um ou dois dias. De repente, a música flui de forma muito mais natural. Parece que nossos dedos têm mais agilidade. Um nó difícil se desfez.

Esse fenômeno é diferente da maioria das formas de aprendizado. Não é como ler informações e recordá-las. É mais misterioso que isso. Certa manhã, você acorda transportado para a nova realidade em que, de repente, está mais hábil do que estava antes de dormir. O corpo mudou, adaptou-se à tarefa que lhe foi apresentada e se esforçou para cumpri-la.

A prática nos leva a certo ponto do caminho. Depois é preciso tempo para a prática ser absorvida pelo corpo. Podemos chamar essa fase de recuperação. Na musculação, a prática rompe o músculo, e a recuperação o reconstrói mais forte que antes. O elemento passivo da prática é tão importante quanto o ativo.

Em geral, pensa-se que para alcançar a excelência artística é necessário um trabalho incessante. É verdade. Mas só metade da verdade. Pode ser bom fazer pausas, afastar-se e retornar mais tarde. Seja quando estuda um instrumento, seja no decorrer do trabalho de sua vida, a recuperação no momento oportuno causará grandes saltos de aprimoramento.

Esse ciclo de prática e adaptação cria um crescimento multifacetado. Você constrói foco e concentração e treina o cérebro para aprender com mais eficácia. Mais facilidade.

Como resultado, outras competências são estimuladas. Aprender a tocar piano provavelmente melhorará sua audição. E talvez você resolva melhor problemas matemáticos complexos.

⊙

Esse processo de adaptação tem ainda um papel para além do aprendizado. É um aspecto do Universo que se manifesta por meio de nós. Uma vontade de viver.

Uma ideia ganha energia, acumula carga, deseja ser adotada. Podemos ouvi-la, vê-la, imaginá-la, mas ela pode estar um centímetro além do que conseguimos alcançar neste momento. Quando voltamos várias vezes a ela, mais detalhes entram em foco aos poucos, e ficamos completamente absorvidos por eles.

Nossa capacidade aumenta e se estende para conseguir tocar a ideia que a Fonte nos oferece. Aceitamos essa responsabilidade com gratidão, lhe damos valor e a protegemos. Reconhecemos com humildade que vem de algo além de nós. É mais importante do que nós. E não é só para nós. Estamos a seu serviço.

É por isso que estamos aqui. Esse é o impulso pelo qual a humanidade evolui. Nós nos adaptamos e crescemos para receber. Essas habilidades inerentes possibilitam que, com o passar dos éons, os seres humanos e a vida como um todo sobrevivam e prosperem num mundo em constante mudança. E que desempenhemos nosso papel predestinado de promover o ciclo da criação. Para sustentar o nascimento de outras formas novas e mais complexas. Se escolhermos participar.

Tradução

◉

A arte é um ato de decifração. Recebemos informações da Fonte e as interpretamos por meio da linguagem própria ao ofício que escolhemos.

Em todos os campos, há graus diferentes de fluência. O nível de habilidade influencia nossa capacidade de articular melhor essa tradução, da mesma maneira que o vocabulário afeta a comunicação.

Essa não é uma correlação direta. É uma relação fluida. Quando aprende um novo idioma, você é capaz de fazer uma pergunta, proferir uma frase muito bem decorada ou, talvez, dizer algo engraçado. Ao mesmo tempo, pode se sentir incapaz de compartilhar grandes ideias e sentimentos mais sutis e expressar a definição completa de quem você de fato é.

Quanto mais desenvolvemos, expandimos e afiamos nossas habilidades, mais fluentes nos tornamos na criação. Podemos experimentar mais liberdade e menos mesmice no ato de fazer. E aumentar imensamente a capacidade de manifestar a melhor versão de nossas ideias no mundo físico.

É de grande valia continuar aprimorando nosso ofício, para o bem da obra e do divertimento. Todo artista, em toda a conjuntura do processo, pode melhorar com a prática, o estudo e a pesquisa. Os talentos da arte são mais aprendidos e desenvolvidos do que inatos. Sempre podemos melhorar.

Como já observou Arn Anderson: "Sou professor e aluno, porque quem não é mais aluno não tem o direito de se dizer professor."

Quando se sentir incapaz de alcançar uma nota ou pintar fielmente uma imagem, lembre que o desafio não é o que você não consegue fazer, mas o que *ainda* não fez. Evite pensar em impossibilidades. Se houver uma habilidade ou um conhecimento de que precisa para um projeto específico, faça o dever de casa e trabalhe nessa direção ao longo do tempo. Você pode treinar tudo o que quiser.

Embora aumente sua habilidade, esse arcabouço não garante que você se tornará um grande artista. Um guitarrista, por exemplo, pode tocar um solo muito complexo com uma técnica impressionante, mas pode não se conectar emocionalmente com a música, enquanto um amador pode apresentar uma canção simplista de três acordes e levar o público às lágrimas.

Ao mesmo tempo, não há por que ter medo de aprender teoria em excesso. Ela não vai prejudicar a pura expressão de sua voz. A não ser que você permita. Ter conhecimento não fere a obra. O modo como você *usa* esse conhecimento, sim. Você tem novas ferramentas. Não é obrigado a usá-las.

O aprendizado proporciona maneiras diversas de transmitir ideias de forma confiável. Em nosso cardápio ampliado, podemos escolher a opção mais simples e elegante. Pintores como Barnett Newman, Piet Mondrian e Joseph Albers tiveram uma formação clássica e escolheram passar a carreira explorando formas geométricas simples e monocromáticas.

Pense em seu ofício como uma energia viva em você. Ela faz parte do ciclo da evolução tanto quanto as outras coisas vivas. Quer crescer. Quer florescer.

Afiar o ofício é honrar a criação. Não importa se você se torna o melhor de seu campo. Ao treinar para melhorar, você cumpre seu supremo propósito neste planeta.

Tábula rasa

⊙

Depois de passar milhares de horas trabalhando numa peça, é difícil julgá-la de um lugar neutro. Quando experimenta a obra pela primeira vez, a pessoa pode vê-la com mais clareza do que você em apenas dois minutos.

Com o tempo, quase todo artista se vê perto demais das coisas que faz. Depois de trabalhar interminavelmente na mesma peça, você perde a perspectiva. Desenvolve um tipo de cegueira. A dúvida e a desorientação podem surgir. O julgamento fica prejudicado.

Se treinássemos para nos afastar da obra, nos desapegar dela de fato, nos desviar por completo, mergulhar em outra coisa... por um período longo o bastante, ao voltar talvez pudéssemos vê-la como se fosse a primeira vez.

Essa é a prática de fazer tábula rasa. É a capacidade de criar como artista e experimentar a obra como a primeira vez do espectador, é se desapegar da bagagem do passado, daquilo que você gostaria que a obra fosse. A missão é estar no momento presente.

Aqui está um exemplo concreto de manter a tábula rasa: o estágio final do processo de gravação é a mixagem. É nela que o técnico de som equilibra o volume dos diversos instrumentos para apresentar melhor o material.

Quando escuto uma mixagem em andamento, faço uma lista de anotações. Talvez o vocal da transição não tenha volume suficiente. A percussão da transição para o último estribilho deva receber mais importância. Ou seja preciso baixar determinado instrumento da introdução para dar espaço a outro.

Uma prática comum é fazer essas mudanças, riscá-las da lista e, então, colocar a música para tocar com a lista em mente. *Tudo bem, os vocais da transição estão mais altos como pedi? Sim, ok. A percussão da transição parece mais importante? Sim, ok.*

Você prevê cada parte. Presta atenção seletivamente para ter certeza de que as mudanças foram feitas em vez de escutar a música como um todo e verificar se está melhor do que antes.

O ego entra em cena e diz: *Eu queria que isso acontecesse, consegui o que queria, problema resolvido.*

Mas isso não é necessariamente verdadeiro. Sim, as mudanças foram feitas, mas melhoraram a obra? Ou provocaram um efeito dominó que criou outros problemas?

Nesse estágio do processo, todos os elementos são interdependentes. Assim, até uma pequena mudança pode ter ramificações inesperadas. Quando a mixagem é atualizada de acordo com sua lista, você pode supor falsamente que avançou.

O segredo é dar as anotações a outra pessoa para implementá-las quando possível, descartá-la e nunca mais citá-la. Quando a nova mixagem for tocada, escute como se fosse a primeira vez e comece uma nova lista de anotações. Em geral, isso ajuda a ouvir as coisas como realmente são e a guiar seu progresso para chegar à melhor versão.

Um modo de treinar essa visão limpa é evitar olhar a obra com muita frequência. Se terminar uma seção ou chegar a um ponto de saturação, você deve colocar o projeto de lado e não se envolver com ele por um período. Deixe-o descansar por um minuto, uma semana ou, quem sabe, mais, enquanto você vai tocando a vida em outras atividades.

A meditação é uma ferramenta valiosa para apertar o botão de reiniciar. Você também pode tentar exercícios vigorosos, uma aventura pitoresca ou mergulhar numa realização criativa diferente.

Quando retornar com o ponto de vista claro, você terá mais discernimento para ver o que o projeto requer e de que precisa.

A passagem do tempo é o que permite que isso aconteça. É com o tempo que o aprendizado ocorre. O desaprendizado também.

Contexto

⊙

Imagine uma flor num prado aberto.

Agora, pegue a mesma flor e a coloque no cano de um fuzil. Ou numa lápide. Observe como você se sente em cada caso. O significado muda. No novo ambiente, o mesmo objeto pode adotar concepções muito diferentes.

O contexto muda o conteúdo.

Em sua obra, considere as consequências desse princípio. Se estiver pintando um retrato, o fundo faz parte do contexto. Mudar o fundo lança nova luz no primeiro plano. Um ambiente escuro passa uma mensagem diferente de um ambiente claro. Um ambiente denso é diferente de um ambiente rarefeito. A moldura, a sala onde o quadro é pendurado, o trabalho artístico ao lado, todos esses elementos afetam a percepção da obra.

Alguns artistas escolhem controlar meticulosamente todos esses fatores, outros os deixam ao acaso. E alguns criam uma arte que depende exclusivamente do contexto. As caixas de esponja de aço Brillo, de Andy Warhol, por exemplo, são embalagens descartáveis de artigos de cozinha no supermercado. No museu, são objetos raros de fascínio e curiosidade.

Se colocarmos uma música tranquila ao lado de uma barulhenta ao sequenciarmos uma coletânea de canções, afetaremos o modo como o ouvinte escutará as duas. Depois da música tranquila, a barulhenta parecerá mais bombástica.

Já me contaram a respeito de um músico que acrescenta sua peça mais nova a uma playlist das maiores canções de todos os tempos para ver se sua obra está à altura desse contexto. Se não estiver, ele a põe de lado e continua trabalhando rumo à grandeza.

As normas sociais de qualquer tempo e lugar são outra caixa contextual na qual vive a arte. A mesma história de um relacionamento entre duas pessoas pode se desenrolar em Detroit, em Bali, na Roma antiga ou em outra dimensão. Em cada caso, a história assume novos significados.

Publique a obra num ano específico em vez de noutro e o significado mudará outra vez. Os acontecimentos atuais, as tendências culturais, outras obras lançadas no mesmo período, tudo afeta a recepção de um projeto. O tempo é outra forma de contexto.

Quando uma peça não está à altura da expectativa, deve-se mudar o contexto. Olhe o elemento principal, examine as variáveis ao redor. Brinque com combinações diferentes. Coloque sua obra perto de outras obras. Surpreenda-se.

Algumas opções comuns são:

suave-ruidoso
rápido-lento
alto-baixo
perto-longe

claro-escuro
grande-pequeno
curvo-reto
áspero-liso
antes-depois
dentro-fora
igual-diferente

O novo contexto pode criar uma obra mais potente do que aquela que você previa. Uma obra que você nunca imaginaria antes de mudar um elemento aparentemente irrelevante.

A energia
(Na obra)

⊙

O que nos motiva a trabalhar com tanta diligência? O que nos leva a finalizar determinadas peças, não outras?

Gostaríamos de pensar que é o entusiasmo. Uma sensação que jorra quando estamos nos estertores da autoexpressão.

Essa energia não é gerada por nós. Somos capturados por ela. Nós a captamos na obra. *Ela* contém a mudança. É uma vitalidade contagiosa que nos puxa para avançar.

As obras que insinuam grandeza contêm uma carga que podemos sentir, como a estática antes de uma tempestade. Elas consomem o artista e ocupam pensamentos e sonhos despertos. Às vezes, tornam-se a razão de viver do artista.

A energia parece semelhante a outra força de criação no mundo: o amor.

Uma atração cinética além de nossa compreensão racional.

No início do projeto, o entusiasmo é o voltímetro interior a observar para escolher qual semente desenvolver. Quando você manuseia uma semente e a agulha pula, isso indica que a obra merece sua atenção, sua devoção. Ela tem potencial de manter seu interesse e faz com que o esforço valha a pena.

Enquanto se experimenta e se constrói, mais cargas energéticas são disparadas quando novas decisões são tomadas. Você se pega perdendo a noção do tempo, se esquecendo de comer, se afastando do mundo exterior.

Mas às vezes o processo é uma rotina cansativa. Os minutos passam devagar, você conta os dias até que a obra esteja completa. O prisioneiro risca as marcas na parede da cela.

Lembre que a energia da obra nem sempre é acessível. Às vezes, você pega o caminho errado e a carga se perde. Ou afunda tanto nos detalhes que não consegue ver o quadro maior. Mesmo com a mais grandiosa das obras, é natural que o entusiasmo cresça e diminua.

Se a obra é emocionante num dia e não mais por um longo tempo, talvez você tenha encontrado um indicador falso. Quando os momentos de alegria parecem uma lembrança distante e a obra é sentida como uma obrigação por causa de uma ideia passada, pode significar que você foi longe demais ou que, na verdade, essa semente específica ainda não estava pronta para germinar.

Quando a energia se esgotar, recue alguns passos para voltar a aproveitar a carga ou procure uma nova semente que gere entusiasmo. Uma das habilidades que o artista desenvolve é reconhecer quando não resta a ele ou à obra mais nada para dar um ao outro.

Todas as coisas vivas estão interconectadas e dependem umas das outras para sobreviver. A obra de arte não é diferente. Ela gera entusiasmo em você. Exige sua atenção. E sua atenção é exatamente o necessário para que ela cresça. É uma relação harmônica de dependência mútua. O criador e a criação recorrem um ao outro para prosperar.

A vocação do artista é seguir o entusiasmo. Onde há entusiasmo há energia. E onde há energia há luz.

A melhor obra
é aquela pela qual você se sente entusiasmado.

Terminar para recomeçar
(Regeneração)

Carl Jung era obcecado pela construção de uma torre redonda onde morar, pensar e criar. O formato era importante, porque ele enxergava "vida no redondo como algo que sempre vem a ser e vai embora".

Fazemos parte de um ciclo constante e interligado de nascimento, morte e regeneração. Nosso corpo apodrece na terra para produzir vida nova, nossa mente energética volta ao Universo para ser reciclada.

A arte existe nesse ciclo de morte e renascimento. Participamos dele terminando um projeto para podermos recomeçar. Como na vida, todo fim convida a um novo começo. Quando somos consumidos por uma única obra, a ponto de acreditar que é a missão de nossa vida, não há espaço para a próxima se desenvolver.

A meta do artista é a excelência, e também o progresso. A serviço do próximo projeto, terminamos o atual. A serviço do projeto atual, damos fim a ele para que seja liberado no mundo.

Compartilhar a arte é o preço de fazê-la. Expor a vulnerabilidade do artista é o preço a pagar.

Dessa experiência vem a regeneração, que encontra frescor dentro de você para encarar o próximo projeto. E todos os outros que virão.

Todo artista cria uma história dinâmica. Um museu vivo de objetos acabados. Uma obra após outra. Iniciadas, terminadas, lançadas. Iniciadas, terminadas, lançadas. Várias e várias vezes. Em cada uma há o carimbo comemorativo de um momento de passagem. Um momento cheio de energia, agora incorporado para sempre na obra de arte.

A obra de arte não é um ponto final em si mesma.
É uma estação da jornada.
Um capítulo da vida.
Reconhecemos essas transições
documentando cada uma delas.

Brinque

Fazer arte é assunto sério.
Explorar a energia criativa da Fonte.
Pastorear as ideias para o plano físico.
Participar do ciclo cósmico da criação.
O oposto também é válido. Fazer arte é pura brincadeira.

Dentro de cada artista há uma criança que esvazia no chão a caixa de lápis de cera e procura a cor certa para desenhar o céu. Pode ser violeta, verde-oliva ou laranja-queimado.
    Como artistas, nos esforçamos para preservar esse espírito brincalhão na gravidade do empreendimento. Adotamos tanto a seriedade do compromisso quanto a brincadeira de ficar completamente livres no ato de criar.

    Leve a arte a sério sem praticá-la de forma séria.

A seriedade sobrecarrega a obra como um fardo. Nos impede de ver o lado brincalhão do ser humano. A exuberância caótica de estar presente no mundo. A leveza da pura diversão pela diversão.

Na brincadeira, não há nada em jogo. Não há limites. Não há certo nem errado. Nenhuma cota de produtividade. É um estado sem inibições em que o espírito corre livre.

As melhores ideias surgem com mais frequência e facilidade nesse estado relaxado.

Dar importância à obra cedo demais provoca o instinto de cautela. Em vez disso queremos nos libertar das algemas da realidade e evitar todas as formas de restrição criativa.

Sinta-se livre para experimentar. Faça bagunça. Adote a aleatoriedade. Quando o recreio terminar, nosso aspecto adulto pode analisar: *O que as crianças fizeram hoje? Será que há algo bom? E o que significa?*

A cada dia é preciso criar coisas, decompô-las, experimentar, surpreender a nós mesmos. Se uma criança de 4 anos perde o interesse numa atividade, ela não tenta terminá-la nem se força a se divertir com ela. Apenas muda de rumo para uma nova missão. É outra forma de brincar.

Alguns aspectos da obra podem ficar tediosos. Nesses momentos, você consegue se reconectar com o espírito lá do início do processo?

Certa vez, no estúdio com um artista, estávamos trabalhando numa faixa de andamento acelerado. Decidimos experimentar uma versão acústica, o que nos levou a acrescentar um *overdub* interessante. Então mutamos tudo, a não ser o *overdub*, e o ouvimos sozinho, o que nos levou a uma direção inteiramente nova. Cada versão diferente impulsionou uma outra versão, sem nada planejado ou associado a uma noção preconcebida.

No final, surgiu uma bela gravação sem qualquer semelhança com a versão original da música, e isso só foi possível ao permitirmos que o que estava presente indicasse uma nova possibilidade. Em vez de seguir o plano trilhamos o caminho às cegas.

Isso pode acontecer todos os dias. Encontre uma deixa, siga uma pista, mantenha-se desapegado do que veio antes. E evite se prender à decisão que tomou há cinco minutos.

Pense em quando você era um iniciante esperançoso, quando seus instrumentos eram novos e exóticos. Lembre-se do fascínio de aprender, da alegria dos primeiros passos.

Essa pode ser a melhor maneira de manter a energia que alimenta a obra e se apaixonar várias e várias vezes pela prática.

Se a obra vem facilmente mediante uma brincadeira
ou com dificuldade depois de uma luta,
a qualidade da peça acabada não é afetada.

O hábito da arte
(Sangha)

Se você espera que a obra o sustente, pode ser que esteja pedindo muito. Criamos *a serviço* da arte, não pelo que podemos obter com ela.

Você pode desejar o sucesso como um modo de deixar um emprego frustrante e se sustentar com sua paixão. Essa é uma meta sensata. No entanto, se a escolha for entre fazer grande arte e se sustentar, a arte vem em primeiro lugar. Pense em outra maneira de ganhar a vida. O sucesso é mais difícil de alcançar quando a vida depende dele.

A arte é uma carreira instável para a maioria das pessoas. É comum a recompensa financeira vir em ondas, quando vem. Alguns artistas têm uma visão do que querem criar, mas se sentem restringidos porque não acreditam que isso pagará as contas. Tudo bem ter um emprego que sustente o hábito artístico. Fazer os dois é um modo mais sensato de manter a obra pura.

Há empregos que exigem muito de seu tempo e nada mais. Você pode proteger a arte que faz escolhendo uma ocupação que lhe dê espaço mental para formular e desenvolver uma visão criativa do mundo.

O conteúdo pode vir de empregos que não têm nada a ver com sua paixão. Muitas vezes, grandes ideias se originam em lugares inesperados. Muitas canções memoráveis foram compostas por pessoas em ocupações de que não gostavam.

Outra opção é buscar um meio de vida no campo pelo qual você é apaixonado. Pode ser uma galeria, uma livraria, um estúdio de gravação, um set de filmagem. Se não houver emprego disponível no setor em que deseja atuar, pergunte se pode trabalhar em meio expediente como estagiário.

Quando escolhe ficar perto do que ama, você tem um vislumbre dos bastidores do ofício. Pode observar a vida cotidiana dos criadores profissionais e entender por dentro o setor e sua infraestrutura. Depois de vivenciá-lo, você saberá se esse caminho é digno de sua devoção.

Ainda que a princípio signifique uma redução de salário, você pode escolher esse tipo de trabalho que tende a levar a oportunidades inesperadas depois.

Você também pode seguir uma carreira desvinculada do que pretende fazer mas que lhe dê segurança, e manter a arte como hobby, um hobby que é a coisa mais importante da vida. Todos os caminhos têm o mesmo mérito.

⊙

Escolha o que escolher, é útil ter companheiros de viagem. Eles não precisam ser *como* você, apenas pensar mais ou menos da mesma forma. A criatividade é contagiosa. Quando passamos nosso tempo com outras pessoas com veia artística, assimilamos e compartilhamos um modo de pensar, um modo de ver o mundo. Esse grupo pode ser chamado de Sangha. Cada um que faz parte desse relacionamento começa a ver com um olhar imaginativo diferente.

Não importa se a forma de arte do grupo é a mesma que a sua ou não. É acolhedor estar numa comunidade de pessoas entusiasmadas com a arte, com quem você possa ter longas discussões e possa trocar feedback sobre o que produzir.

Fazer parte de uma comunidade artística pode ser uma das grandes alegrias da vida.

O prisma do eu

Definir o verdadeiro eu não é simples. Pode até ser impossível.

Habitamos muitas versões diferentes de um eu que pode sempre mudar. A sugestão *Seja você mesmo* é genérica demais para ser útil. Há o ser você mesmo como artista, o ser você mesmo com a família, o ser você mesmo no trabalho, o ser você mesmo com os amigos, o ser você mesmo em tempos de crise ou de paz e o ser você mesmo por você, com você.

Para além dessas variações, há sempre mudanças internas. Nosso estado de espírito, o nível de energia, as histórias que contamos a nós mesmos, as experiências anteriores, o ânimo quando estamos cansados ou com fome: todas essas variantes criam um novo modo de ser a cada momento.

Dependendo de com quem estamos, onde estamos e como nos sentimos – seguros ou desafiados –, mudamos o tempo todo. Nós nos movemos entre diferentes aspectos do eu.

Podemos ter uma faceta que quer ser mais ousada ou subversiva, que luta com nosso eu mais agradável para evitar conflitos. Pode haver um traço sonhador que aspira a habitar mundos vastos e magníficos, em desacordo com o lado pragmático que questiona a capacidade de realizar esses sonhos.

Há uma negociação constante entre esses vários aspectos. Cada vez que entramos em sintonia com um deles, há escolhas diversas que mudam o resultado de nossa obra.

Num prisma entra um único raio de luz, decomposto numa série de cores. O eu também é um prisma. Os acontecimentos neutros entram e se transformam num espectro de sentimentos, pensamentos e sensações. Todas essas informações são processadas de forma distinta em cada aspecto do eu, que reflete a luz da vida a seu modo e emite diferentes tons de arte.

Por essa razão, nem toda obra pode refletir todos os nossos eus. Talvez isso nunca seja possível, por mais que tentemos. Em vez disso podemos aceitar o prisma do eu e permitir que a realidade se curve de forma única ao passar por nós.

Como um caleidoscópio, podemos ajustar a abertura da visão e mudar o resultado. Podemos trabalhar a partir de um aspecto específico, como se assumíssemos um personagem, e criar algo a partir de nosso eu mais sombrio ou mais espiritual.

Essas duas obras não serão a mesma, mas ambas vêm de nós e ambas são cores verdadeiras.

Quanto mais aceitarmos nossa natureza de prisma, mais livres estaremos para criar em diversas cores e mais confiaremos nos instintos inconsistentes que temos quando fazemos arte.

Não precisamos saber por que algo é bom nem ponderar se é a decisão certa ou se reflete a nós mesmos com exatidão. É apenas a luz que nosso prisma emite naturalmente nesse momento.

Qualquer estrutura, método ou rótulo
que você impõe a si mesmo
tem a mesma probabilidade de ser uma limitação
ou uma abertura.

Que assim seja

Primeiro, não cause dano.

Esse credo é o princípio condutor do juramento do médico. Considere-o um preceito universal. Se lhe pedirem que participe do projeto de outro criador, avance com delicadeza.

Em sua forma rústica, uma versão inicial da obra pode ter uma magia extraordinária. Acima de tudo, isso deve ser protegido. Quando trabalhar com outros, mantenha esse juramento em mente.

O simples reconhecimento dos pontos fortes pode bastar para fazer com que o projeto avance. Um amigo tocou para mim sua obra atual e pediu minha opinião. Aos meus ouvidos, não havia nada a ser mudado ou acrescentado. Sugeri que na mixagem final ele pulasse o refinamento típico de sons e equilíbrios. Esse padrão só diluiria uma obra-prima. Às vezes, o toque mais valioso que o colaborador pode dar é nenhum toque.

Cooperação

⊙

O prisma do eu reflete um aspecto do nosso ser na obra. Quando mais de um prisma é aplicado, mais possibilidades inesperadas são desbloqueadas. Quer se contrastem, quer se complementem, essas perspectivas se combinam para criar uma nova visão.

Vamos chamá-la de Cooperação.

Como a consciência, a cooperação é uma prática. Quanto maior a habilidade da participação no processo, mais confortável ela se torna.

A cooperação é comparável ao modo como um grupo de jazz improvisa. Um punhado de colaboradores, cada um com um ponto de vista original, trabalha em conjunto para criar um todo novo, agindo e reagindo ao momento de forma intuitiva. Você pode comandar ou se deixar comandar, apreciando a surpresa do inesperado. Pode fazer um solo ou ficar completamente na base, como for melhor para a obra.

Toda vez que cooperamos, nos expomos a maneiras diferentes de trabalhar e resolver problemas que podem determinar o avanço de nosso progresso criativo.

Não confunda cooperação com competição. Não é uma luta pelo poder para impor sua vontade ou provar que você está certo.

A competição serve ao ego. A cooperação sustenta o melhor resultado.

Pense na cooperação como dar ou receber um impulso para ver o que há além de um muro alto. Não há luta pelo poder nesse ato. Você está simplesmente procurando a melhor rota para uma nova perspectiva.

É um desserviço ao projeto avaliar sua contribuição a ele. Acreditar que uma ideia é melhor porque é *sua* é um erro próprio da inexperiência. O ego exige autoria e se infla à custa da arte. E pode rejeitar novos métodos que pareçam anti-intuitivos e proteger os já conhecidos.

O melhor resultado é encontrado quando somos imparciais e desapegados de nossas estratégias. Todos nos beneficiamos quando a melhor ideia é escolhida, seja ela nossa ou não.

⊙

Quando trabalho com artistas, fazemos um acordo: continuaremos o processo até estarmos *todos* satisfeitos com a obra. Essa é a meta suprema da cooperação. Quando uma pessoa adora e outra não, em geral há um problema subjacente em que vale a pena prestar atenção. Provavelmente indica que não fomos longe o bastante e que a obra não alcançou todo o seu potencial.

Quando um colaborador gosta da opção A e outro prefere a opção B, a solução não é escolher A ou B. É continuar trabalhando até desenvolver uma opção C que ambos os artistas considerem superior. A opção C pode incorporar elementos de A, de B, das duas ou de nenhuma.

Quando um colaborador cede a outro e aceita uma opção menos preferencial para avançar, todos saem perdendo. Grandes decisões não são tomadas numa perspectiva de sacrifício. São tomadas pelo reconhecimento mútuo da melhor solução disponível.

Se você já gosta da obra em sua forma atual, não há nada a perder em tentar melhorá-la até todos gostarem. Você não está fazendo concessões. Está trabalhando em conjunto para superar a versão atual.

⊙

Podemos não criar de modo semelhante com todos os parceiros. Pessoas incrivelmente talentosas podem juntar forças, mas, por alguma razão, não ressoar entre si. Ou talvez um participante não trabalhe com o espírito de cooperação e crie um clima de competição e persuasão.

Se você nunca concorda com um colaborador e não chega a nada especial depois de muitas versões da obra, talvez essa não seja a combinação certa.

Ao mesmo tempo, pode haver um desalinhamento se você *sempre* concorda com um colaborador. Não procuramos alguém que pense como nós, trabalhe como nós e tenha os mesmos gostos. Se você e um colaborador concordam em tudo, um dos dois talvez seja desnecessário.

Imagine passar um facho de luz por dois filtros da mesma cor. Juntos ou separados, eles produzem a mesma tonalidade. Mas sobrepor dois filtros contrastantes produz uma nova cor.

Em muitos grandes grupos, coletivos e colaborativos, há certo grau de polaridade entre os membros, e isso faz parte da fórmula da excelência. A magia vem da tensão dinâmica entre pontos de vista diferentes, que produz obras mais distintas do que uma voz única.

Na colaboração, não é rara a tensão saudável. O atrito permite que o fogo se torne visível. Contanto que não fiquemos apegados a fazer tudo à nossa maneira, recebemos bem esse atrito. Ele nos aproxima da melhor versão da obra.

Algumas colaborações funcionam mais como ditaduras do que como democracias. É um sistema que também pode dar certo. Nesses casos, todos concordam em se alinhar para apoiar a visão de uma pessoa e fazer todo o possível para manifestá-la.

Quer seja tomada por um único líder, quer por um coletivo, a decisão final ainda é um ato colaborativo. Os participantes oferecem seu melhor trabalho no espírito de cooperação.

⊙

A comunicação é o centro da cooperação hábil.

Ao dar feedback, não o torne pessoal. Sempre comente a obra em si, não o indivíduo que a fez. Quando leva a crítica para o lado pessoal, o participante tende a se fechar.

Seja o mais específico possível em seu feedback. Aproxime-se para discutir os detalhes do que você vê e sente. Quanto mais clínico o feedback, melhor será a receptividade.

Dizer "Acho que as cores dessas duas áreas não interagem bem uma com a outra" é mais útil do que "Não gosto das cores".

Embora possa ter uma solução específica em mente, não a revele de imediato. O destinatário pode encontrar uma solução melhor por conta própria.

Ao recebermos um feedback, nossa tarefa é pôr o ego de lado e nos esforçarmos para entender a crítica feita. Quando um participante sugere que um detalhe específico pode ser melhorado, podemos pensar erroneamente que a obra inteira está sendo questionada. Nosso ego pode perceber a ajuda como interferência.

É bom ter em mente que a linguagem é um meio de comunicação imperfeito. A ideia é alterada e diluída pela má escolha de palavras. As palavras, então, são ainda mais distorcidas por nosso filtro quando as recebemos, deixando-nos num mundo de ambiguidade.

É preciso ter paciência e diligência para ultrapassar a história do que você pensa que está ouvindo e se aproximar da compreensão do que realmente foi dito.

Uma prática útil ao receber um feedback é repetir a informação. Talvez você descubra que o que ouviu não é o que foi dito. E o que foi dito talvez nem seja o que de fato se queria dizer.

Faça perguntas para ter clareza. Quando os colaboradores explicam com paciência em qual aspecto da obra estão se concentrando, podemos reconhecer que nossos pontos de vista não estão em oposição. Só estamos usando linguagens diferentes ou notando elementos diferentes.

Quando fazemos observações, a especificidade cria espaço. Dissipa o nível de carga emocional e nos permite trabalhar juntos a serviço da peça.

A sinergia do grupo
é tão importante –
se não mais importante –
que o talento dos indivíduos.

O dilema da sinceridade

⊙

A maioria dos artistas valoriza demais a sinceridade.

Esforçam-se para criar uma arte que expresse sua verdade. A versão mais fiel de si mesmos.

No entanto, a sinceridade é uma característica fugidia. É diferente de outras metas que temos. Enquanto a excelência é um alvo digno de nossa mira, deitar nosso olhar na sinceridade pode ser contraproducente. Quanto mais nos esticamos para alcançá-la, mais distante ela fica. Quando se apresenta como sincera, a obra pode ser vista como melosa. O que há de pior na doçura. A rima oca num cartão de congratulações.

Na arte, a sinceridade é um subproduto. Não pode ser a meta.

Gostamos de pensar em nós como seres coerentes e racionais que têm determinados atributos, e não outros. Mas a pessoa completamente coerente, que não produz contradições, parece menos real. Como se fosse feita de madeira ou de plástico.

Em geral, nossos aspectos mais verdadeiros e irracionais estão escondidos, e o acesso a eles passa pela criação de arte. Toda obra nos diz quem somos, muitas vezes de um jeito que o público entende antes de nós.

A criatividade é um processo exploratório para detectar aquele material interior que está escondido. Nem sempre o descobriremos. Se descobrirmos, pode não fazer tanto sentido para nós. A semente pode nos atrair por conter algo que não entendemos, e essa vaga atração será o mais perto que chegaremos do saber.

Alguns aspectos do eu não gostam de ser abordados de frente. Preferem chegar de forma indireta, a seu modo. Como vislumbres súbitos captados em momentos acidentais, como a luz do sol que cintila na superfície de uma onda.

Essas aparições não se encaixam em palavras facilmente expressas na linguagem comum. São extraordinárias. Além do mundano. Um poema pode transmitir informações que não são transmitidas pela prosa ou pela conversação.

E toda arte é poesia.

A arte vai mais fundo que o pensamento. Mais fundo que as suas histórias sobre si mesmo. Ela rompe os muros internos e acessa o que há por trás.

Se sairmos do caminho e deixarmos a arte fazer seu trabalho, ela pode gerar a sinceridade que buscamos. E a sinceridade pode não ser nada parecida com o que esperamos.

Tudo o que permite ao público
acessar seu modo de ver o mundo
é exato,
ainda que a informação esteja errada.

O guardião

Não importa de onde vêm suas ideias ou como se parecem; todas elas terão de passar por um crivo: o do editor, o guardião das ideias.

É ele quem determina a expressão final da obra, não importa quantos eus se envolvam na construção.

O papel do editor é coletar e peneirar, amplificar o que é vital e cortar o excesso. Podar a obra até chegar à melhor versão.

Às vezes, o editor encontra furos e nos manda pesquisar dados para tapá-los. Outras vezes, existe um tesouro de informações, e o editor remove tudo aquilo que é desnecessário para revelar a obra finalizada.

A edição é uma demonstração de gosto. Que não é expresso quando apontamos os itens dos quais gostamos: a música que nos faz bem aos ouvidos ou os filmes que revisitamos. Nosso gosto se revela na curadoria de nossa obra. O que é incluído, o que não é, e como as peças são agrupadas.

Você pode se sentir atraído por diversos ritmos, cores e padrões que talvez não convivam em harmonia. As peças precisam se encaixar no recipiente.

O recipiente é o princípio organizador da obra. Ele dita quais elementos devem fazer parte dela ou não. A mobília adequada a um palácio pode não ter sentido algum num mosteiro.

O editor é necessário para pôr o ego de lado. O ego se apega com orgulho a elementos distintos da obra. O papel do editor é se manter livre e ver além dessas paixões para dar unidade e equilíbrio à obra. Os artistas talentosos que são editores pouco hábeis podem fazer criações abaixo do padrão e não ficar à altura da promessa de seu talento.

Evite confundir o desapego frio do editor com o crítico interno que há em você. O crítico duvida e compromete a obra, chega muito perto dela e acaba por desmontá-la. O editor não; ele se afasta, vê a obra de forma holística e dá sustentação a seu pleno potencial.

O editor é o profissional dentro do poeta.

⊙

Quando nos aproximamos do fim de um projeto, pode ser útil cortar drasticamente a obra e só deixar o que é necessário; realizar uma *edição impiedosa*.

Boa parte do processo criativo até então consistiu no acréscimo. Assim, considere essa a parte subtrativa do projeto. Em geral, ocorre depois que toda a construção terminou e as opções se exauriram.

Muitas vezes, pensa-se na edição como uma poda para cortar a gordura. Na edição impiedosa, isso não acontece. Decidimos o que tem de permanecer para que a obra seja reconhecida como tal, a parte dela que é absolutamente necessária.

A intenção não é reduzir a obra a seu tamanho final. Trabalhamos para reduzi-la para além do tamanho final. Mesmo que podar 5% deixe a obra na escala que você pretende, podemos cortar mais fundo e só deixar metade ou um terço.

Se você estiver trabalhando num disco com dez músicas e tenha gravado vinte, tente reduzi-las a dez. Depois, você precisa encolher a criação para cinco, deixando apenas as músicas sem as quais não é possível viver.

Se você escreveu um livro com mais de trezentas páginas, tente reduzi-lo a menos de cem sem que perca a essência.

Além de chegar ao coração da obra, a edição brutal nos leva a mudar a nossa relação com aquilo que criamos. Passamos a entender sua estrutura subjacente, a perceber o que de fato importa, nos desapegamos de fazê-la e a vemos como realmente é.

Que efeito tem cada componente? Amplifica a essência? Distrai da essência? Colabora para o equilíbrio? Contribui para a estrutura? É absolutamente necessário?

Com as camadas extras removidas, você pode recuar e notar que a obra é bem-sucedida como está, em sua forma mais simples. Ou pode sentir que quer restaurar determinados elementos. Contanto que mantenha a integridade da obra, essa é uma questão de preferência pessoal.

Vale a pena observar se algum dos acréscimos refeitos aprimora a obra. Não estamos à procura de mais por mais, simplesmente. Só buscamos mais para ficar melhor.

A meta é levar a obra a um ponto em que você sabe, quando a vê, que não poderia ser realizada de nenhuma outra maneira. Há uma sensação de equilíbrio.

De elegância.

Não é fácil deixar para trás elementos em que você investiu tanto tempo e atenção. Alguns artistas se apaixonam por todo o material elaborado, a ponto de resistir a abandonar um componente ainda que o todo fique melhor sem ele.

"Tornar o simples complicado é comum", disse Charles Mingus certa vez. "Tornar o complicado simples, espantosamente simples, é criatividade."

Ser artista
significa perguntar o tempo todo
"Como pode ficar melhor?",
seja o que for.
Pode ser a arte,
pode ser a vida.

Por que fazer arte?

Enquanto aprofunda sua participação no ato criativo, você pode encontrar um paradoxo.

O ato de autoexpressão não é de fato sobre você.

A maioria dos que escolhem o caminho artístico não tem opção. Nós nos sentimos compelidos a nos envolver e nos dedicar, como se tivéssemos algum instinto primário. É a mesma força que chama as tartarugas para o mar depois de nascerem na areia.

Seguimos esse instinto. Negá-lo é desanimador, como se violássemos a natureza. Se nos afastarmos, veremos que esse impulso cego está sempre lá, guiando nossa meta para além de nós.

No momento em que sentimos que a obra está tomando forma, há uma arrancada dinâmica, seguida de um impulso de compartilhamento, na esperança de duplicar nos outros aquela misteriosa carga emocional.

É o chamado para se autoexpressar, nosso propósito criativo. Não é necessariamente para entender a nós mesmos ou sermos entendidos. Compartilhamos nosso filtro, nosso modo de ver, para provocar um eco nos outros. A arte é a reverberação de uma vida impermanente.

Como seres humanos, chegamos e partimos rapidamente, e temos de fazer obras que permaneçam como monumentos do nosso tempo aqui. Afirmações duradouras da existência. *Davi* de Michelangelo, as primeiras pinturas em cavernas, as paisagens que a criança pinta com o dedo: todos ecoam o mesmo grito humano, como a pichação na porta do banheiro público:

Eu estive aqui

Quando você contribui para o mundo com seu ponto de vista, os outros podem vê-lo. Ele é refratado pelo filtro deles e distribuído novamente. Esse processo é contínuo, nunca cessa. Cria o que vivenciamos como realidade.

Toda obra, por mais trivial que pareça, tem um papel nesse ciclo maior. O mundo se desdobra continuamente. A natureza se renova. A arte evolui.

Cada um de nós tem um jeito próprio de ver o mundo. E isso pode causar uma sensação de isolamento. A arte tem a capacidade de nos conectar além das limitações da linguagem.

Com isso, olhar de fora o nosso mundo interior, remover os limites de separação e participar da grande lembrança do que sabíamos quando chegamos a esta vida: não há separação. Somos um só.

A razão para estarmos vivos
é nos expressarmos no mundo.
E criar arte pode ser o método
mais belo e eficaz de fazer isso.

A arte vai além da linguagem, além da vida.
É um modo universal de enviar mensagens
entre nós e através do tempo.

Harmonia

⊙

Os fios invisíveis da matemática estão em volta de toda a beleza natural.

Encontramos as mesmas proporções nas espirais das conchas e das galáxias. Nas pétalas das flores, nas moléculas de DNA, nos furacões e nos traços do rosto humano.

São proporções que evocam um equilíbrio sagrado.

Nosso ponto de referência do belo é a natureza. Quando encontramos essas proporções na arte, elas nos acalmam. Nossas criações se inspiram nas relações que mais nos fascinam.

O Partenon, as grandes pirâmides, o *Homem vitruviano* de Leonardo da Vinci, o *Pássaro no espaço* de Brancusi, as *Variações Goldberg* de Bach, a *Quinta sinfonia* de Beethoven: todas essas obras se baseiam na mesma geometria encontrada na natureza.

O Universo tem uma harmonia, um sistema interdependente lindamente profundo. Ao recuar do projeto em que esteve trabalhando por algum tempo e reconhecer uma nova simetria que não sabia ser possível, você sentirá uma satisfação tranquila. Um entusiasmo que contém em sua essência uma paz. A ordem aparece. A ressonância harmônica é palpável. Você é um participante desse mecanismo intrincado.

Na música, as regras da harmonia são mostradas em fórmulas. Cada nota tem um comprimento de onda vibracional, e cada comprimento de onda tem uma relação específica com os outros. Por meio dos princípios matemáticos, é possível calcular os pares harmônicos dessas ondas.

Todos os elementos têm comprimento de onda: objetos, cores, ideias. Quando os combinamos, geramos uma nova vibração. Às vezes essa vibração é harmoniosa, outras vezes é dissonante.

Não precisamos entender a matemática para criar obras potentes com essas vibrações. Para alguns, entender a matemática prejudica a intuição natural. Nós entramos em sintonia com nós mesmos para sentir a harmonia. Só usamos o intelecto para tentar explicá-la depois de ocorrido o fato.

Os que não chegam a esse conhecimento naturalmente podem desenvolvê-lo com o tempo. Por meio do treino da sintonia, é possível ficar alerta a essas ressonâncias naturais. Sentir com mais agudeza o que está em equilíbrio e reconhecer as proporções divinas. Quando se cria ou se põe um ponto final em uma obra, há um reconhecimento mais claro, um tom harmônico. Há uma consonância. Uma coerência. Os elementos individuais se fundem e se tornam um só.

A grande obra não tem de estar em harmonia. Às vezes, a questão da arte é mostrar desequilíbrio ou criar desconforto.

Numa canção, quando uma harmonia dissonante entra no tom

há um efeito agradável e repentino. Por isso a escolha discordante pode ser interessante. Ela cria tensão e liberação, e chama atenção para a harmonia que talvez não percebêssemos.

Quando nos aprofundamos no alinhamento com os princípios harmônicos fundamentais em nosso ofício, talvez consigamos percebê-los em toda parte. Por trabalhar no específico, nosso gosto fica mais refinado também no geral.

Se não conseguimos reconhecer a harmonia no Universo que nos cerca, é porque não estamos absorvendo dados suficientes. Se nos afastarmos ou nos aproximarmos o suficiente, veremos com limpidez a natureza integrada de tudo o que há.

Assim como cada pequena pincelada na tela não pode se afastar para ver o quadro inteiro, somos incapazes de absorver o grande conjunto de relacionamentos e compensações que nos cercam em todas as direções.

Nossa incapacidade de compreender o funcionamento interno do Universo pode, na verdade, nos deixar mais sintonizados com sua infinitude. A magia não está na análise ou na compreensão. A magia vive no maravilhamento do que não sabemos.

Por mais que você se enquadre como artista,
a moldura é pequena demais.

O que dizemos a nós mesmos

Temos histórias sobre nós,
e elas não são quem somos.
Temos histórias sobre a obra,
e elas não são o que a obra é.

Todo o nosso esforço para entendermos a nós mesmos e entender a nossa arte é uma cortina de fumaça, um ofuscamento. Não esclarece o que somos. Esse esforço nos engana. Não temos como saber o que é insignificante e o que é essencial, ou o que nossa contribuição quer dizer.

Contamos a nós mesmos várias histórias a respeito de quem somos e de como a obra é feita. Mas nenhuma delas importa.

Tudo o que importa é a própria obra. A arte que realmente é feita e como é percebida.

Você é você.

A obra é a obra.

Cada pessoa do público é quem é. Exclusivamente.

Nada disso pode ser compreendido, muito menos destilado em equações simples ou linguagem comum.

Bilhões de dados estão disponíveis a qualquer momento, e só coletamos um pequeno número deles. Com esse vislumbre pelo buraco da fechadura, montamos uma interpretação e acrescentamos outra história à nossa coleção.

A cada história que contamos a nós mesmos, negamos as probabilidades. A realidade é diminuída. As salas do eu são emparedadas. A verdade colapsa para se encaixar num princípio organizador fictício que adotamos.

Como artistas, somos chamados a abandonar essas histórias várias vezes e, cegamente, pôr nossa fé na energia curiosa que nos atrai pelo caminho.

A obra de arte é o ponto em que todos os elementos se reúnem – o Universo, o prisma do eu, a magia e a disciplina de transmutar ideia em carne. E se isso nos levar à contradição – a territórios que achamos que será impossível interligar ou conhecer –, não significa que esses elementos não sejam harmoniosos.

Mesmo no caos, há ordem e padrões. Uma corrente cósmica subterrânea que passa por todas as coisas, que nenhuma história é imensa o bastante para conter.

O Universo
nunca explica por quê.

Sobre o autor

⊙

Rick Rubin é ganhador de nove prêmios Grammy como produtor musical. Foi incluído na lista das 100 pessoas mais influentes do mundo pela revista *Time* e considerado pela *Rolling Stone* o produtor de maior sucesso em qualquer gênero.

Colaborou com inúmeros artistas, de Jay-Z a Tom Petty, de Red Hot Chili Peppers a Johnny Cash, de Adele a Slayer, de Imagine Dragons a Lana Del Rey, de Kanye West a Black Sabbath, entre muitos outros.

Para saber mais sobre os títulos e autores da Editora Sextante,
visite o nosso site e siga as nossas redes sociais.
Além de informações sobre os próximos lançamentos,
você terá acesso a conteúdos exclusivos
e poderá participar de promoções e sorteios.

sextante.com.br